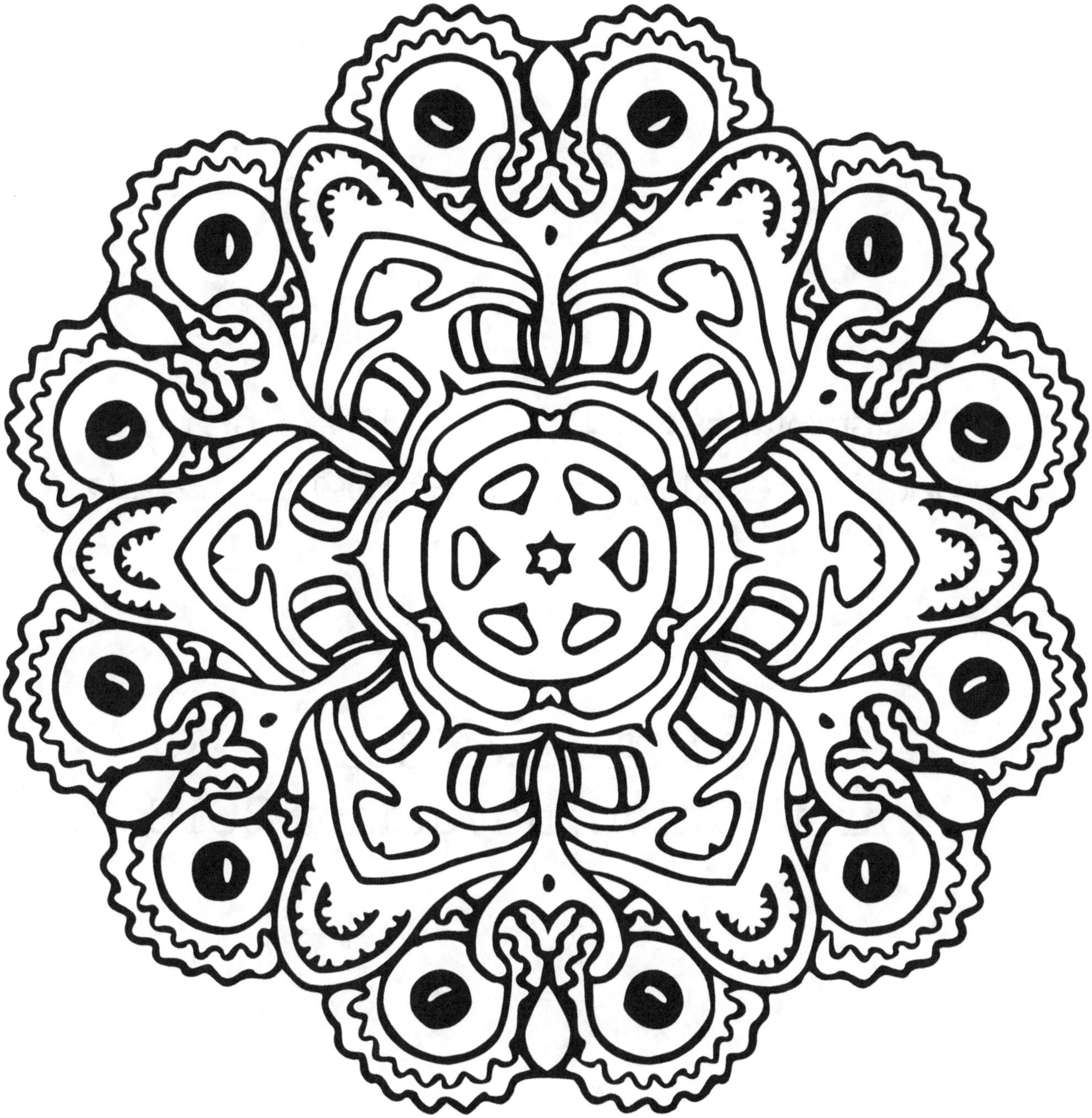

ꙮꙮꙮꙮꙮꙮꙮꙮꙮ ꙮꙮꙮꙮ ꙮꙮꙮꙮ ꙮꙮꙮꙮꙮ
ꙮꙮꙮꙮꙮ ꙮꙮꙮꙮꙮꙮꙮ ꙮꙮꙮꙮꙮꙮꙮꙮ ꙮꙮꙮꙮ

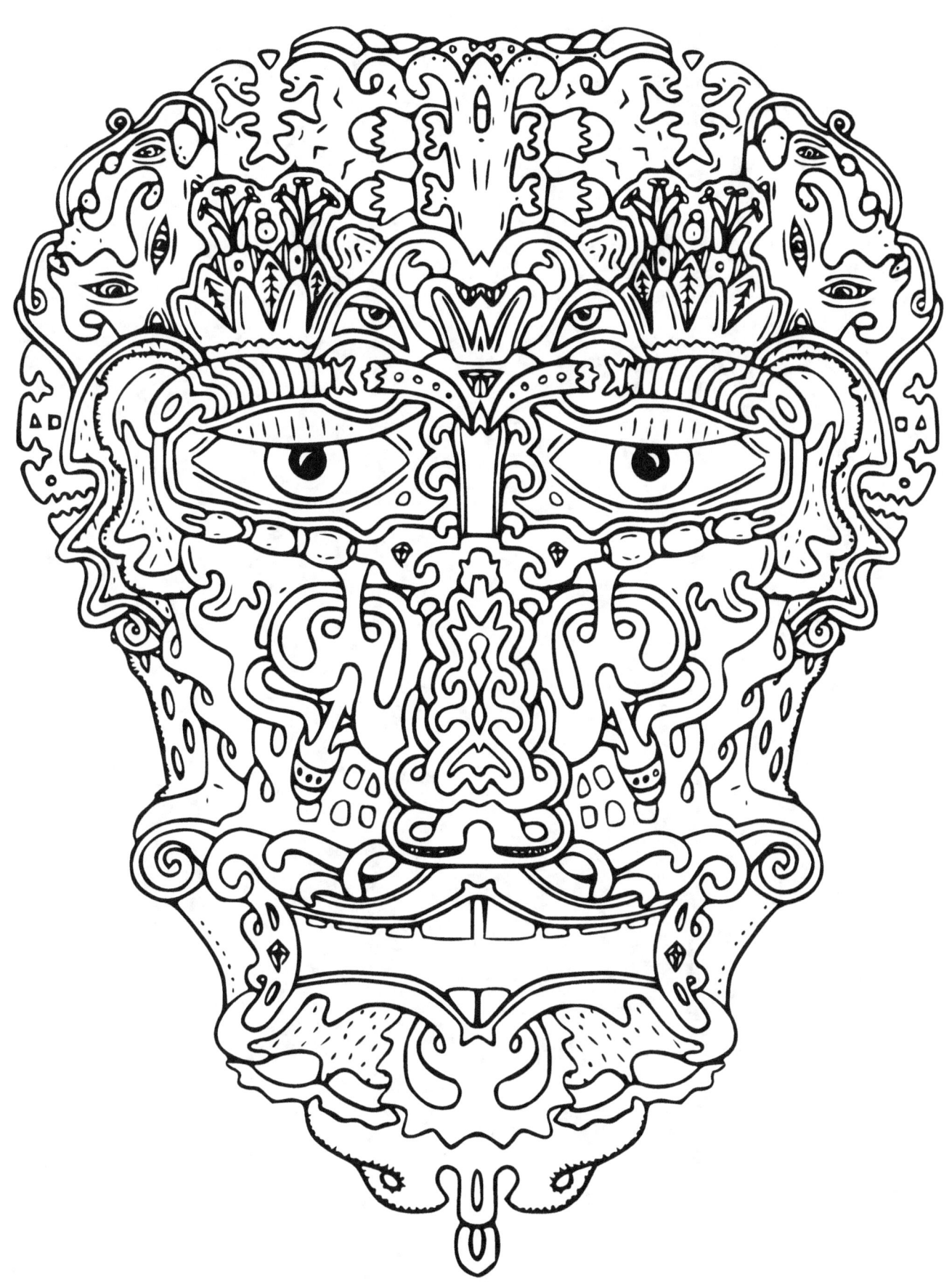

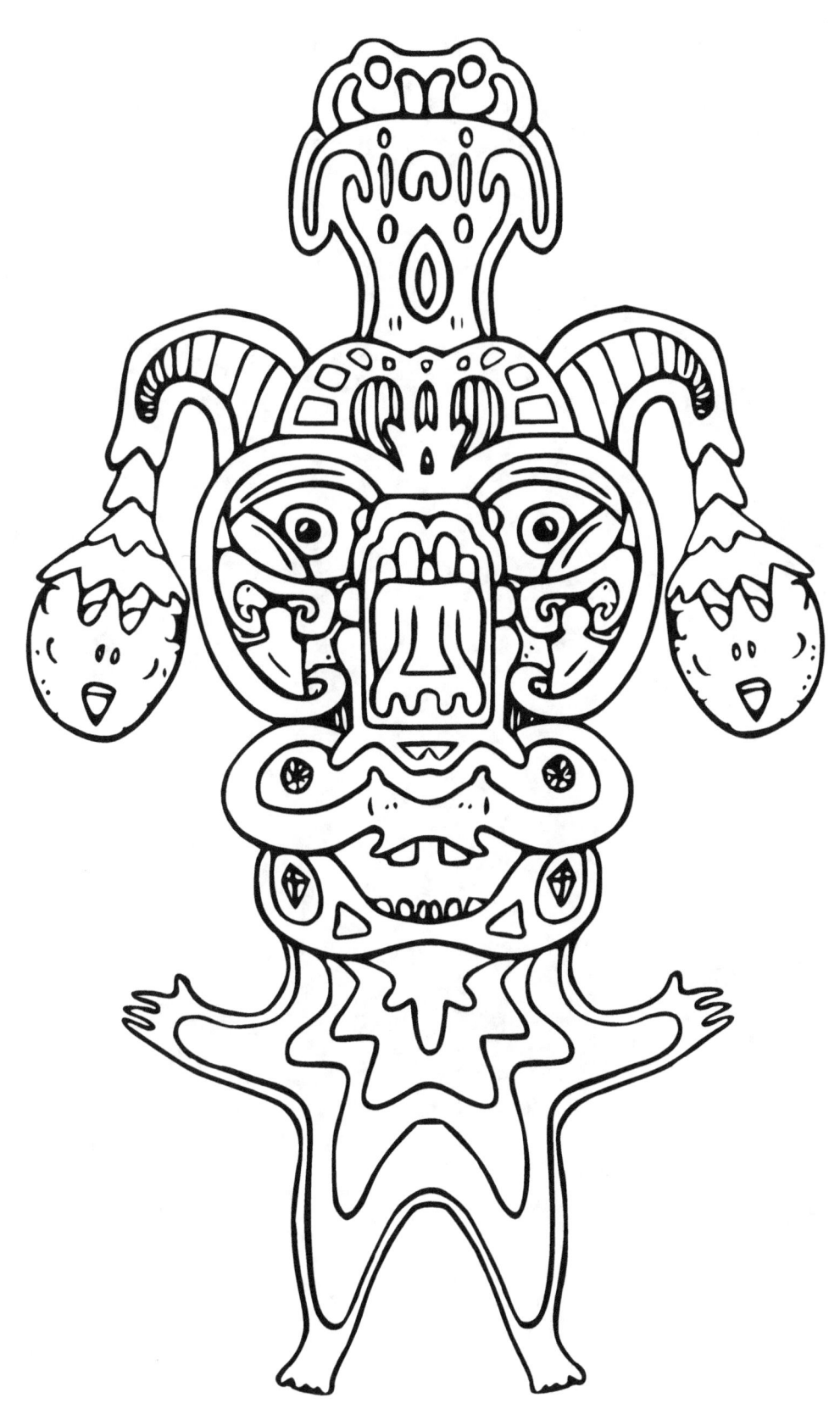

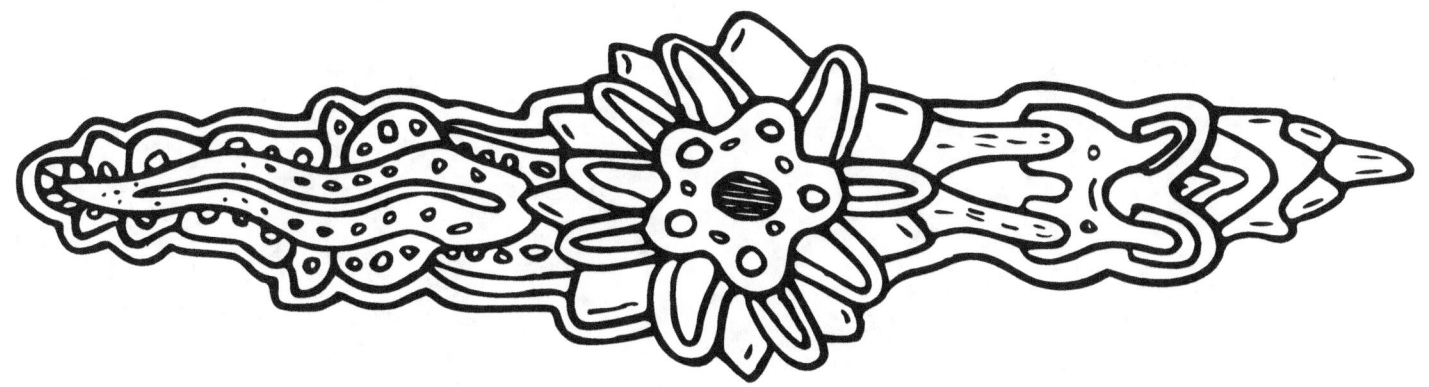

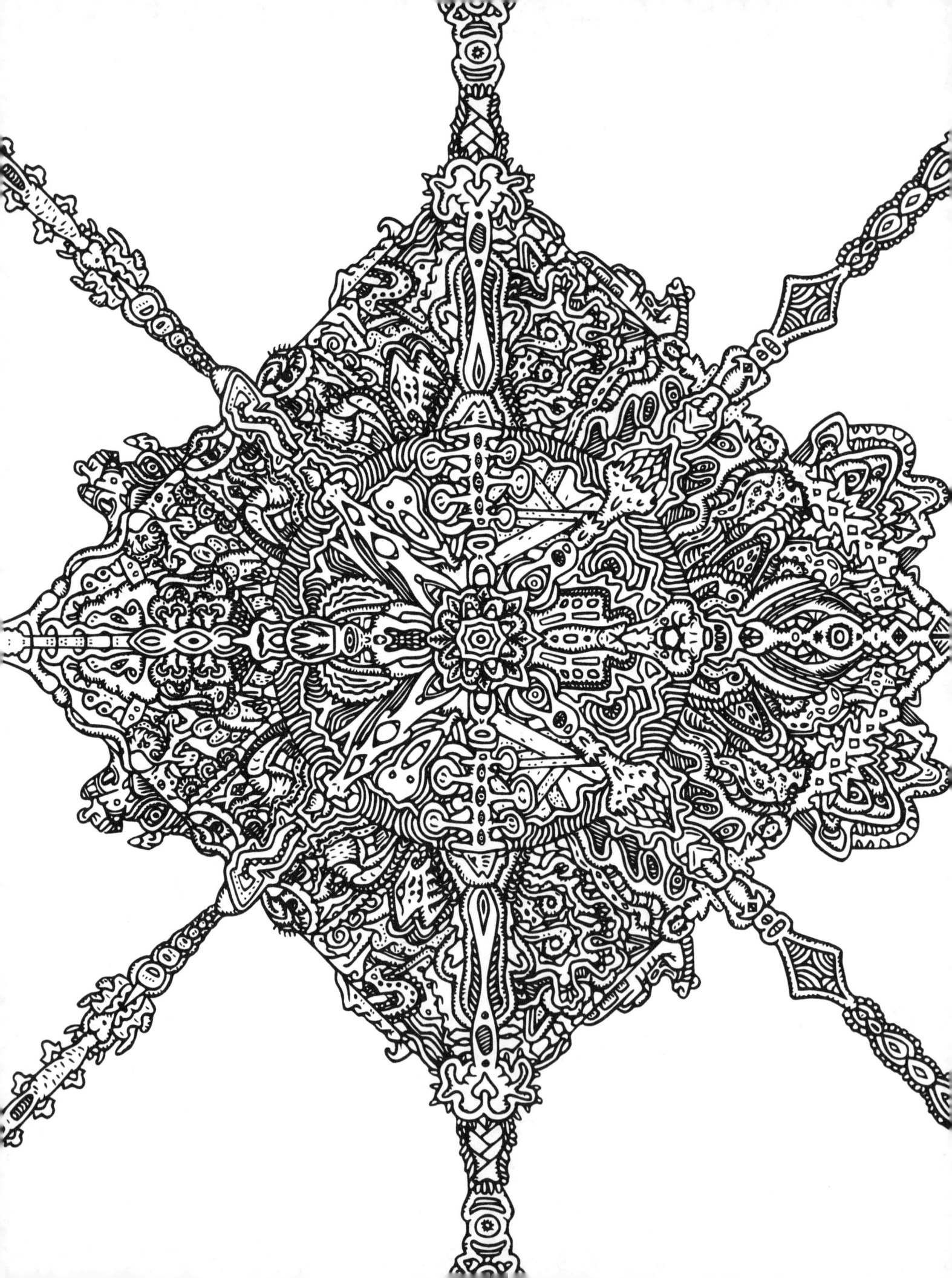

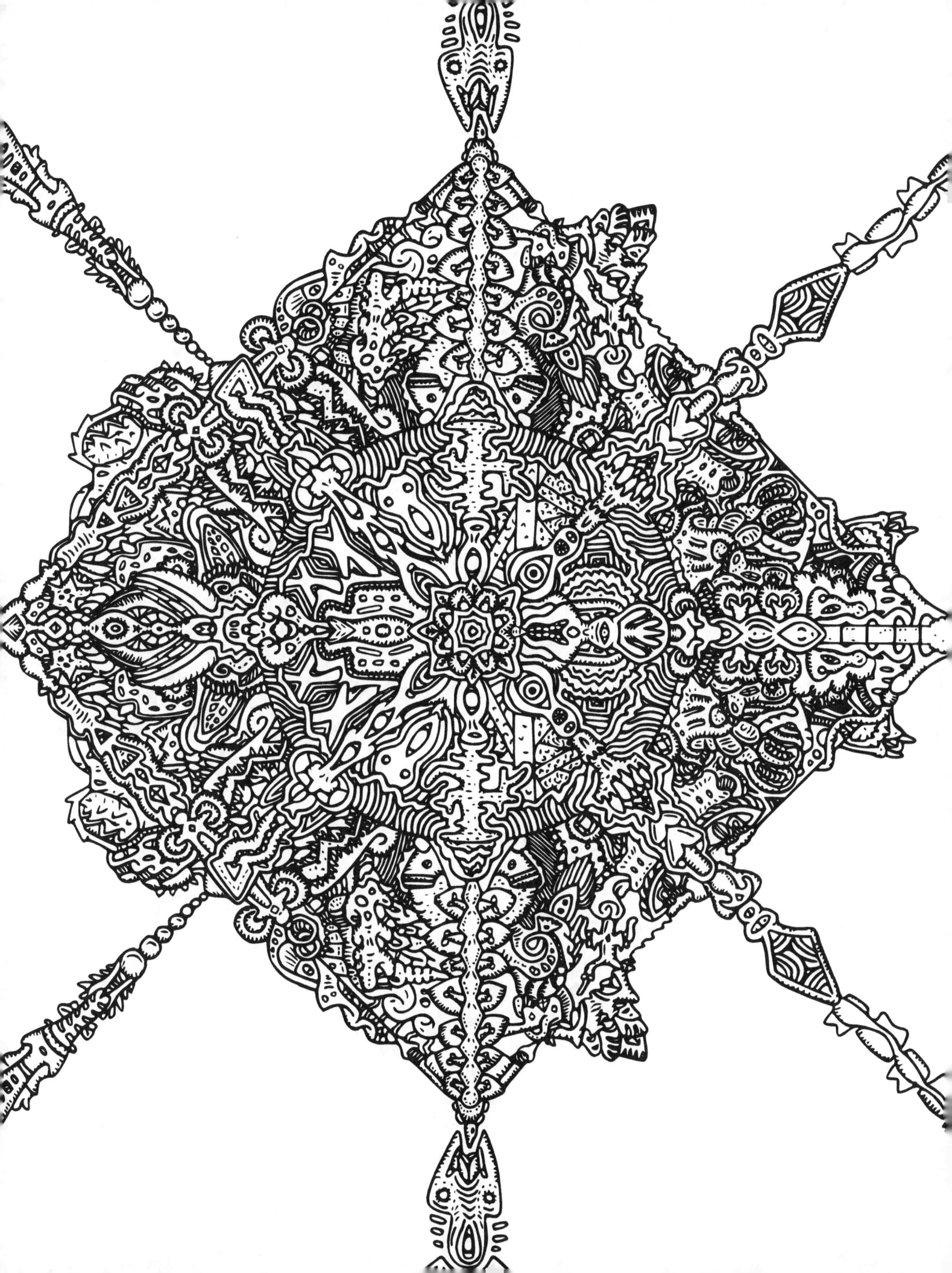

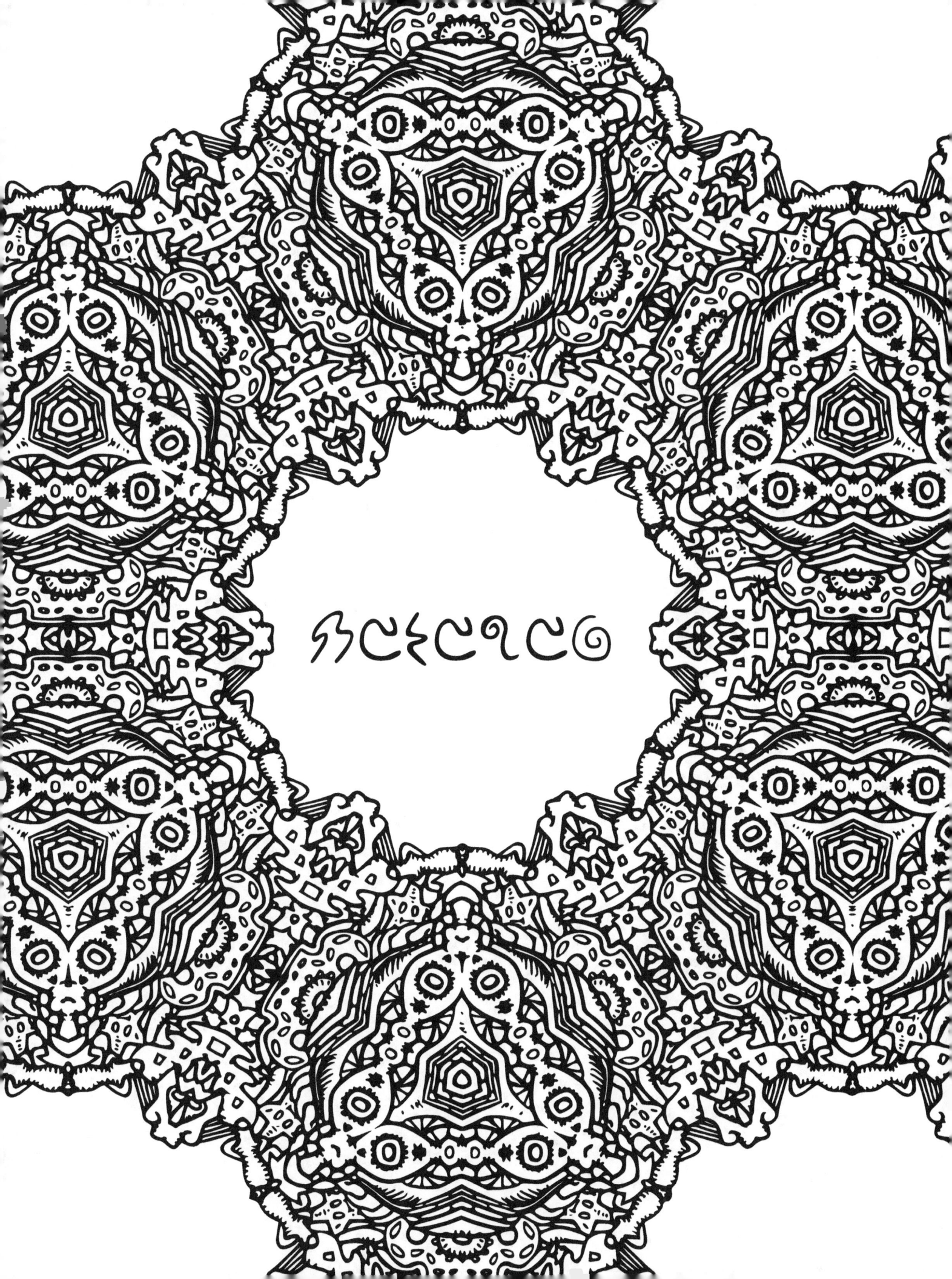

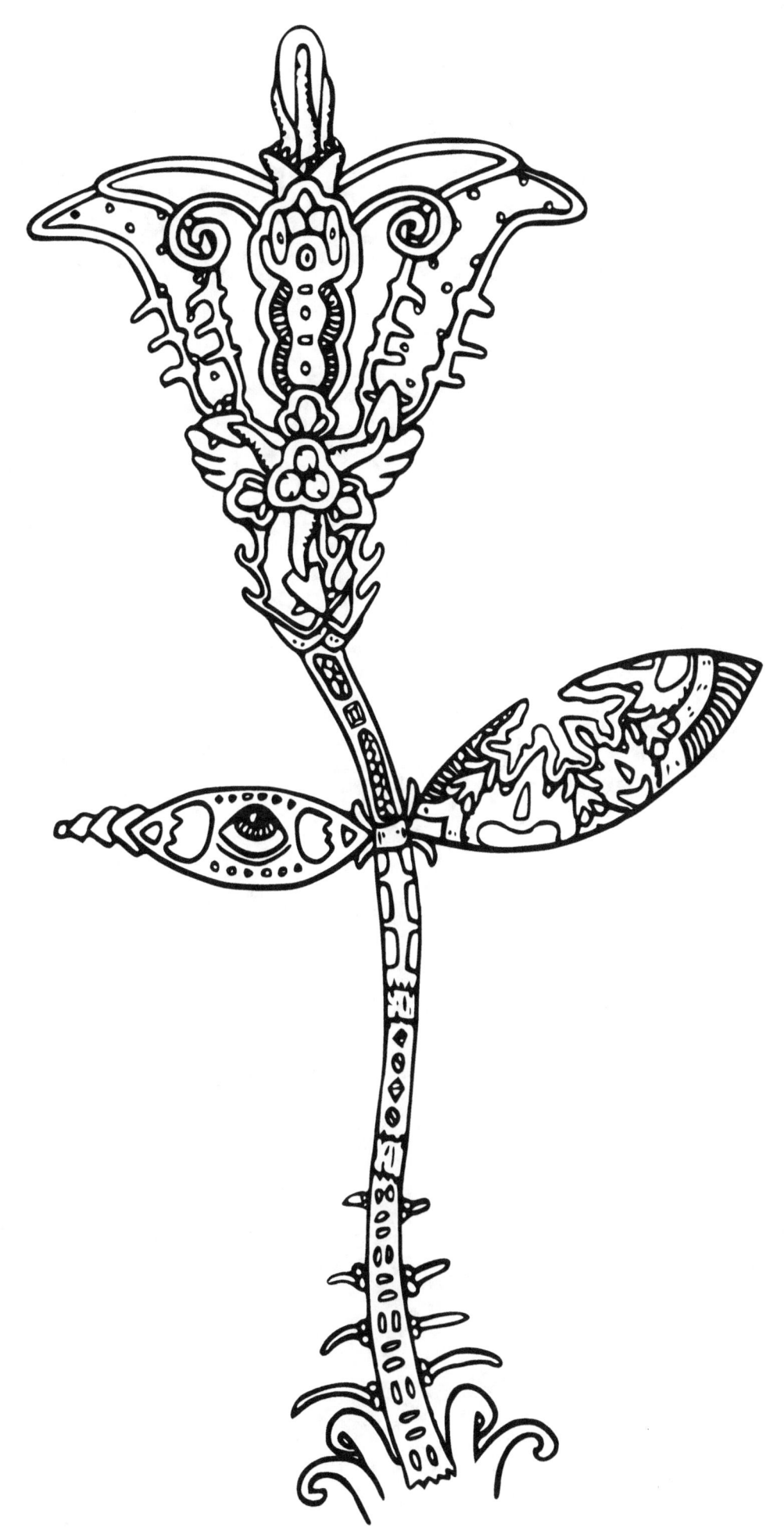

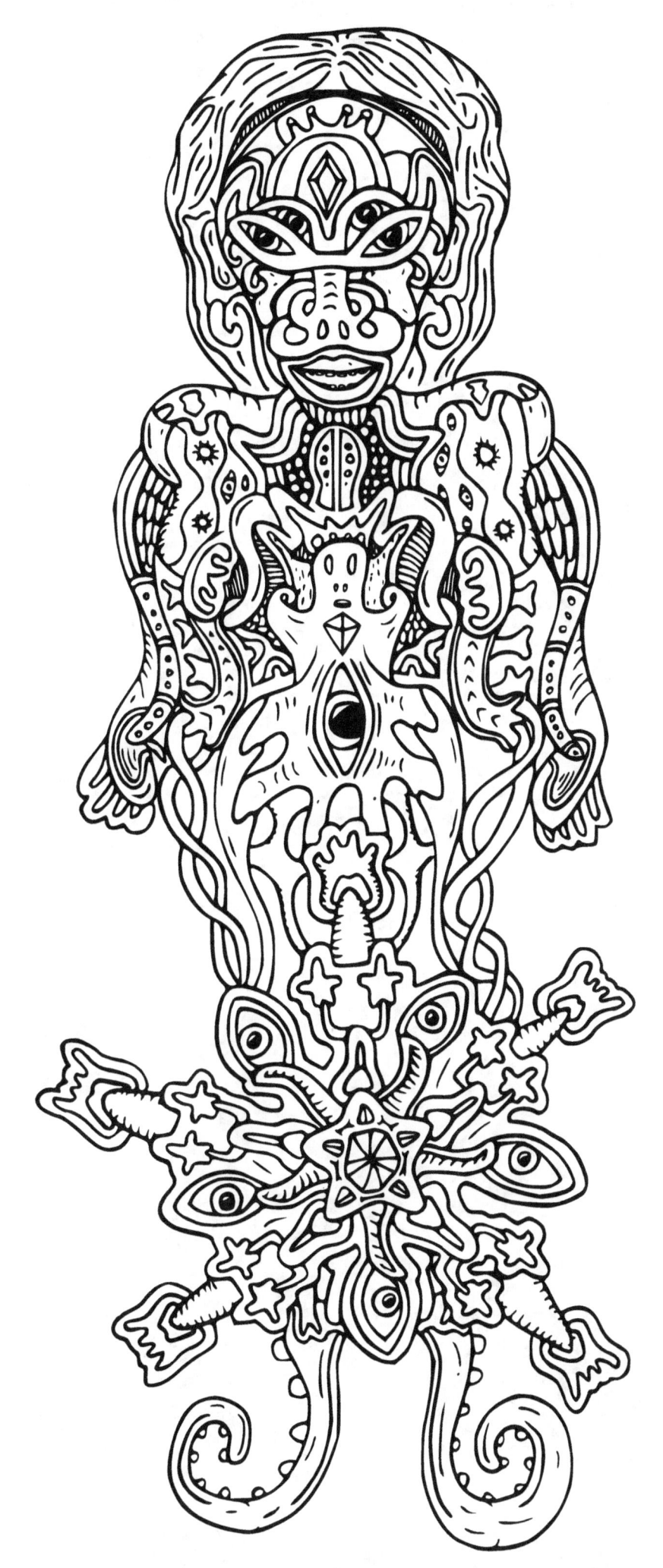

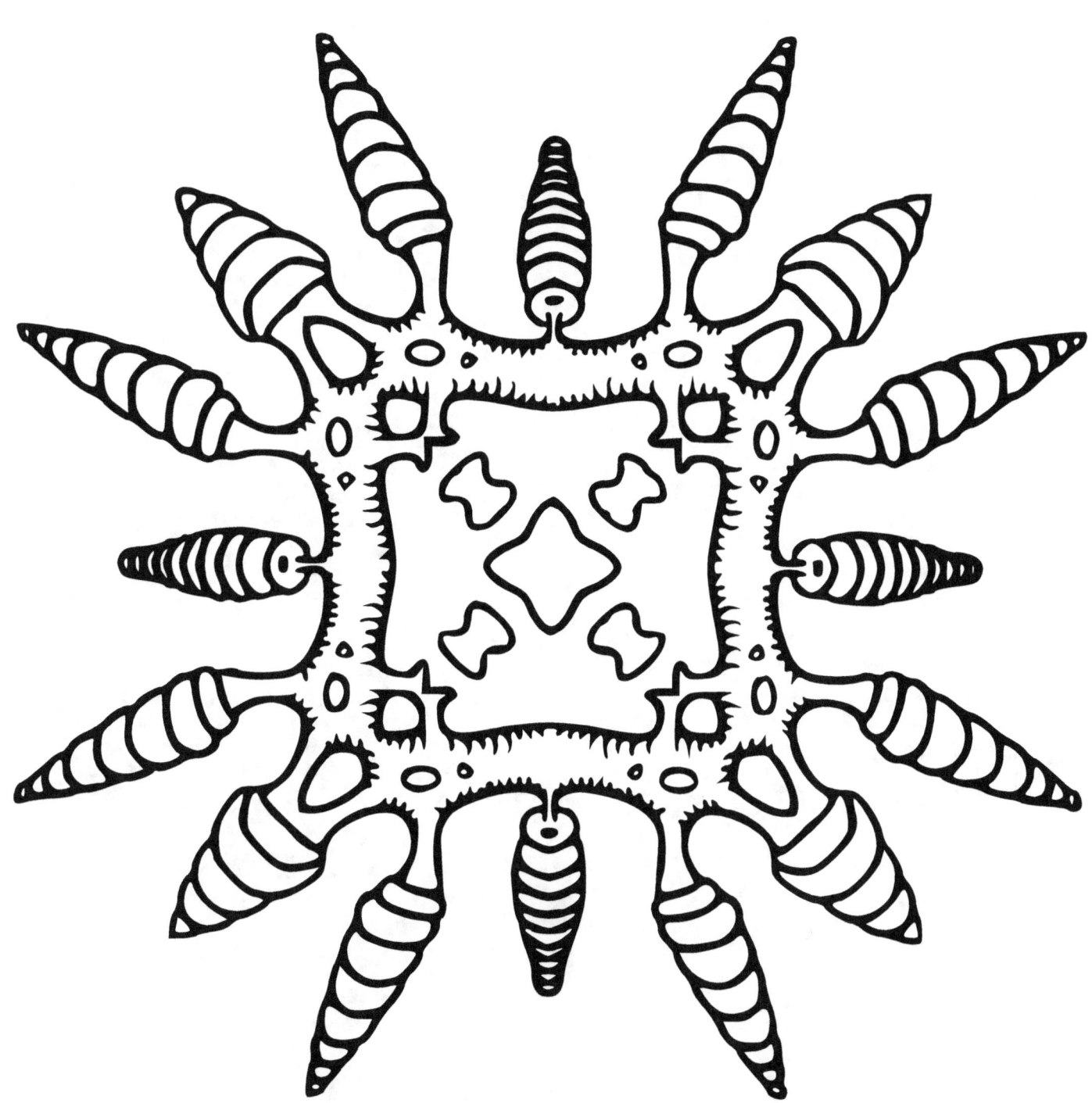

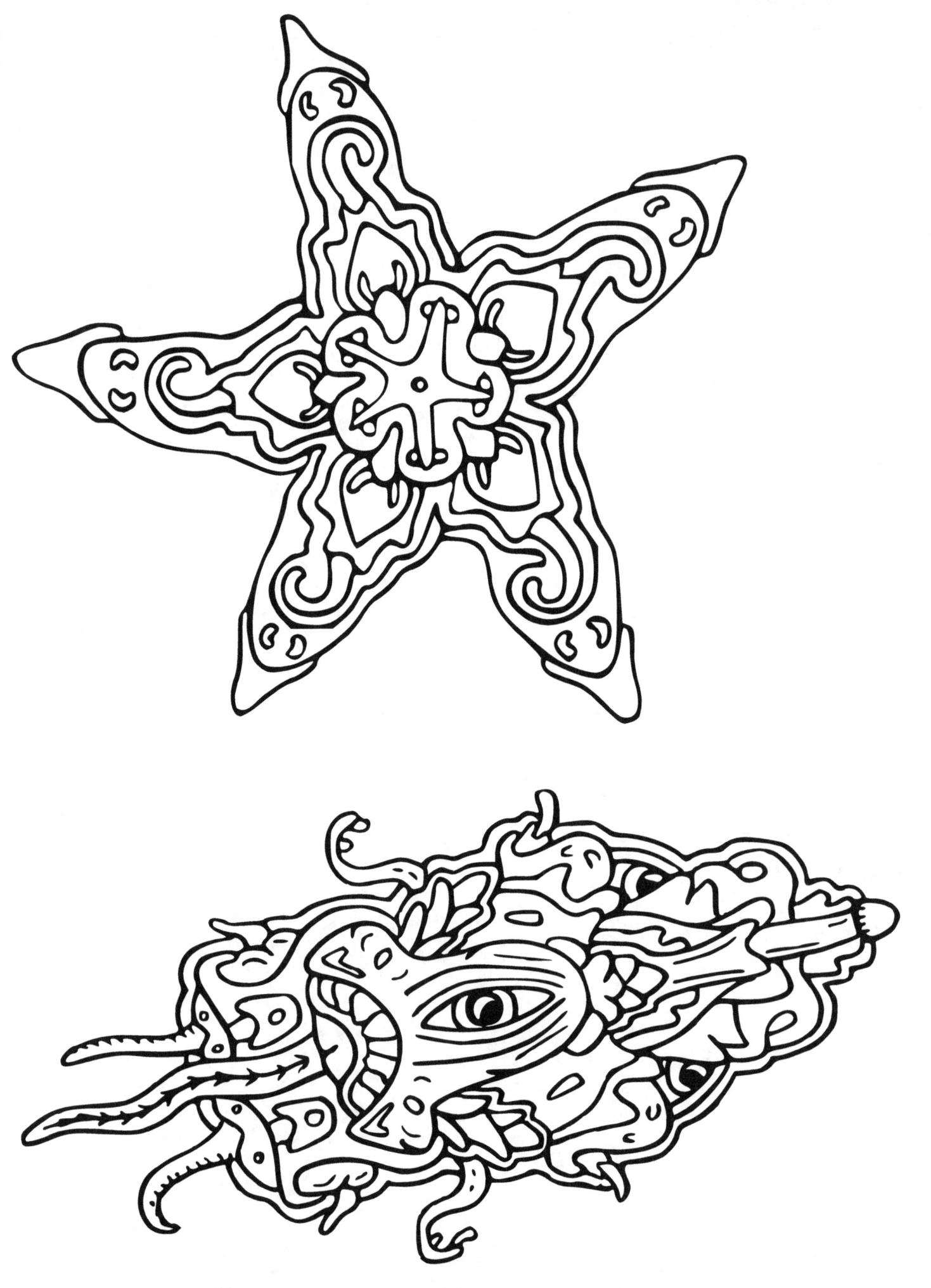

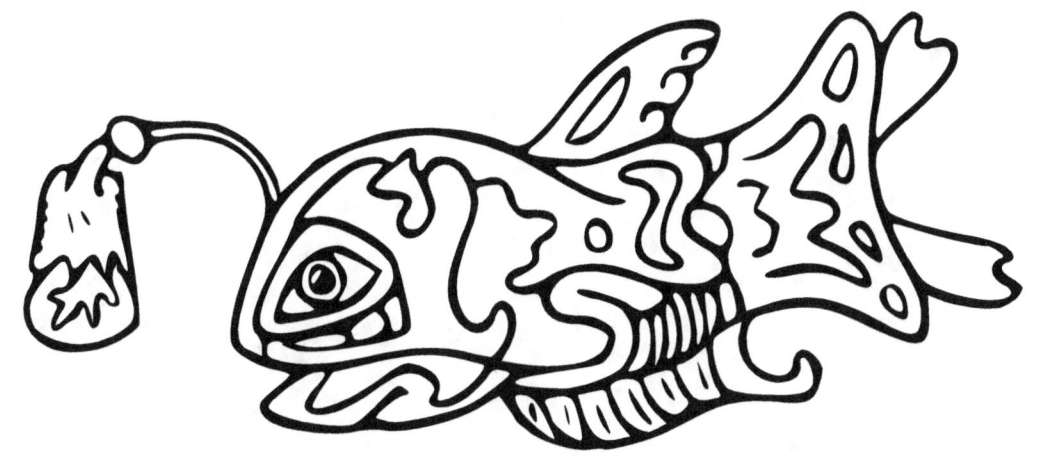

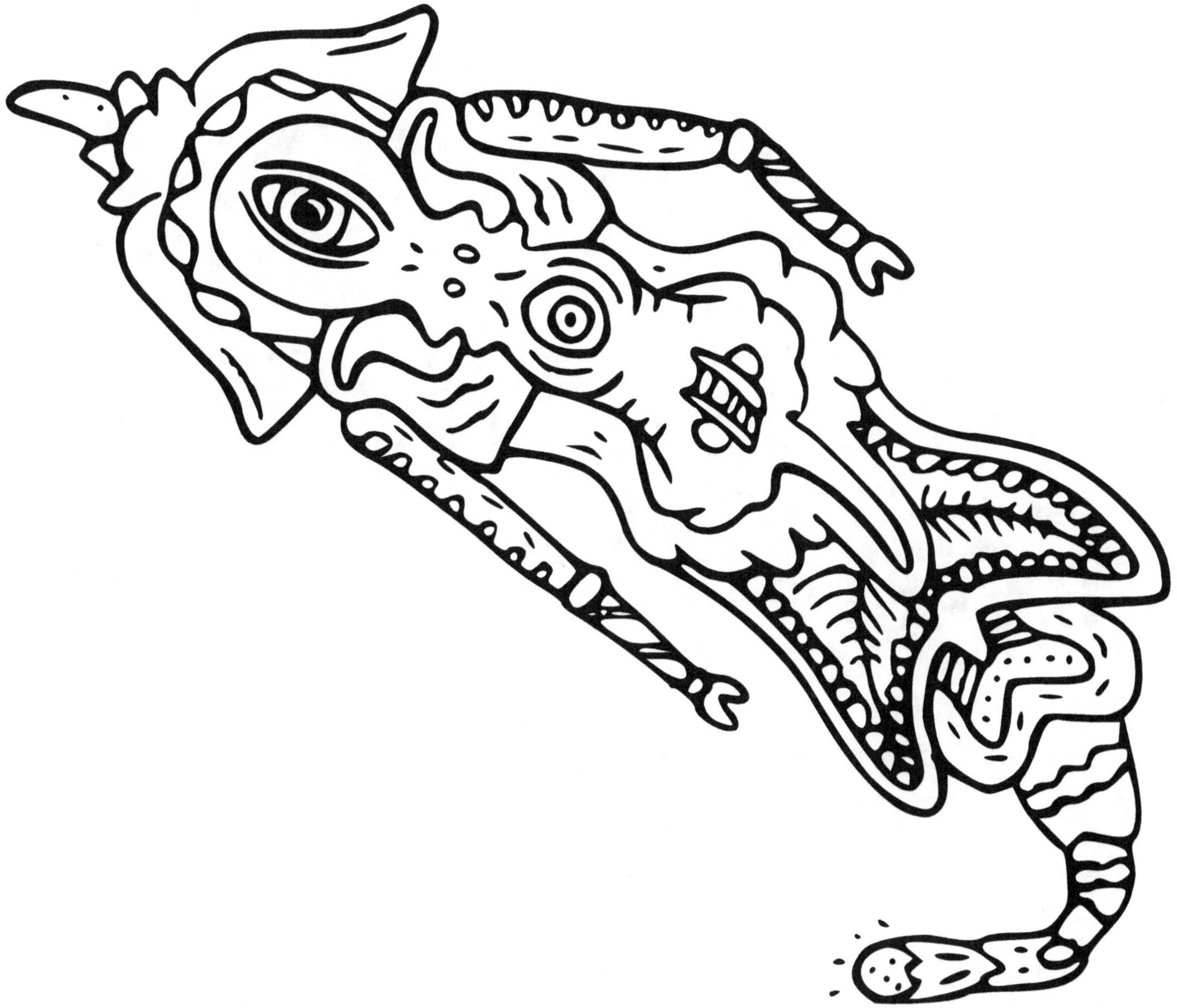

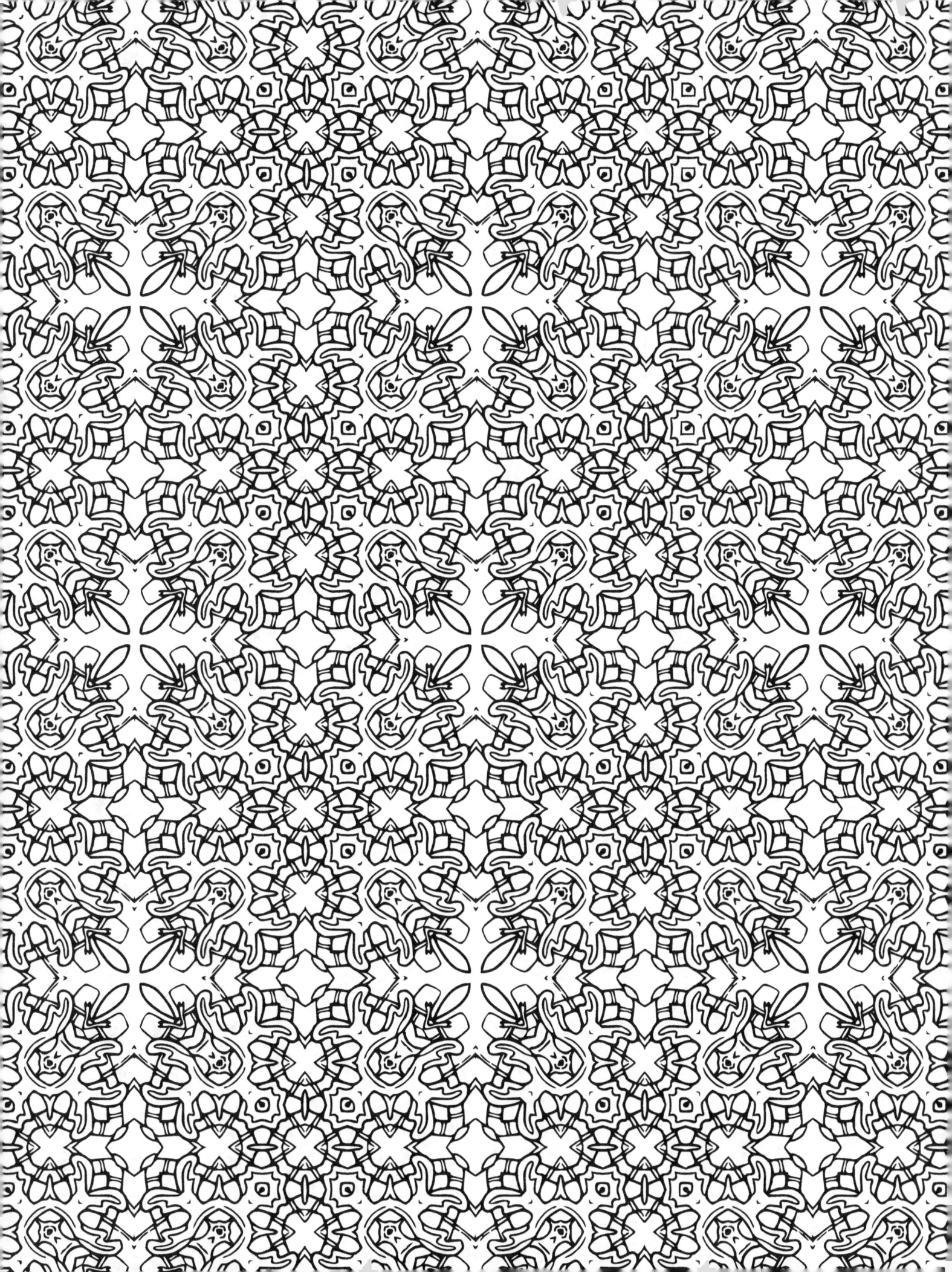

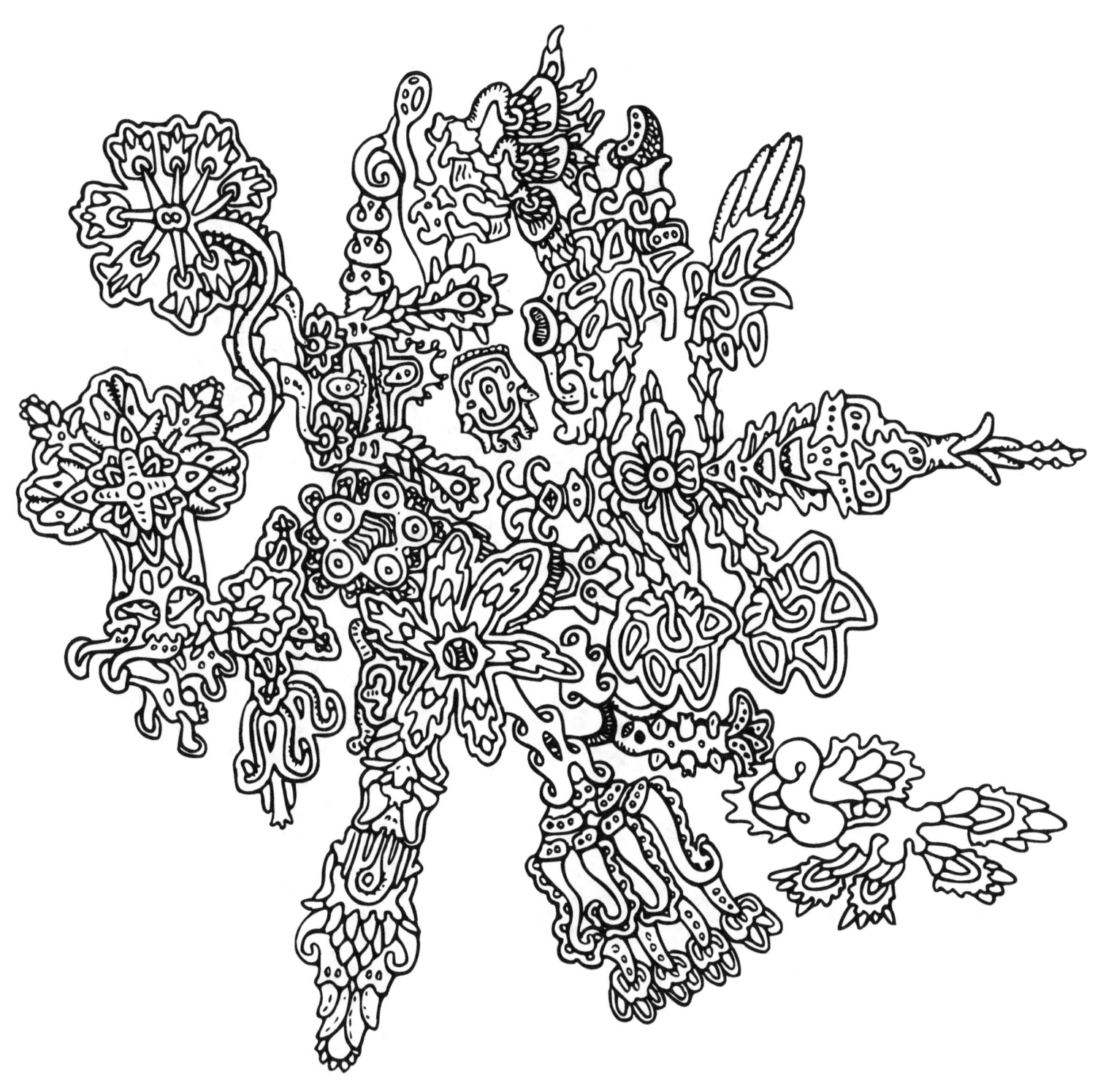

ꝶꞶꝆꞶꝆꝋ ꝋꝆꝆ ꝋꝆꝆꝋꞶꞶꝆꝆꞶꝆꝋ ꝋꝆꝆꞶꝆꞶꞶꝆ

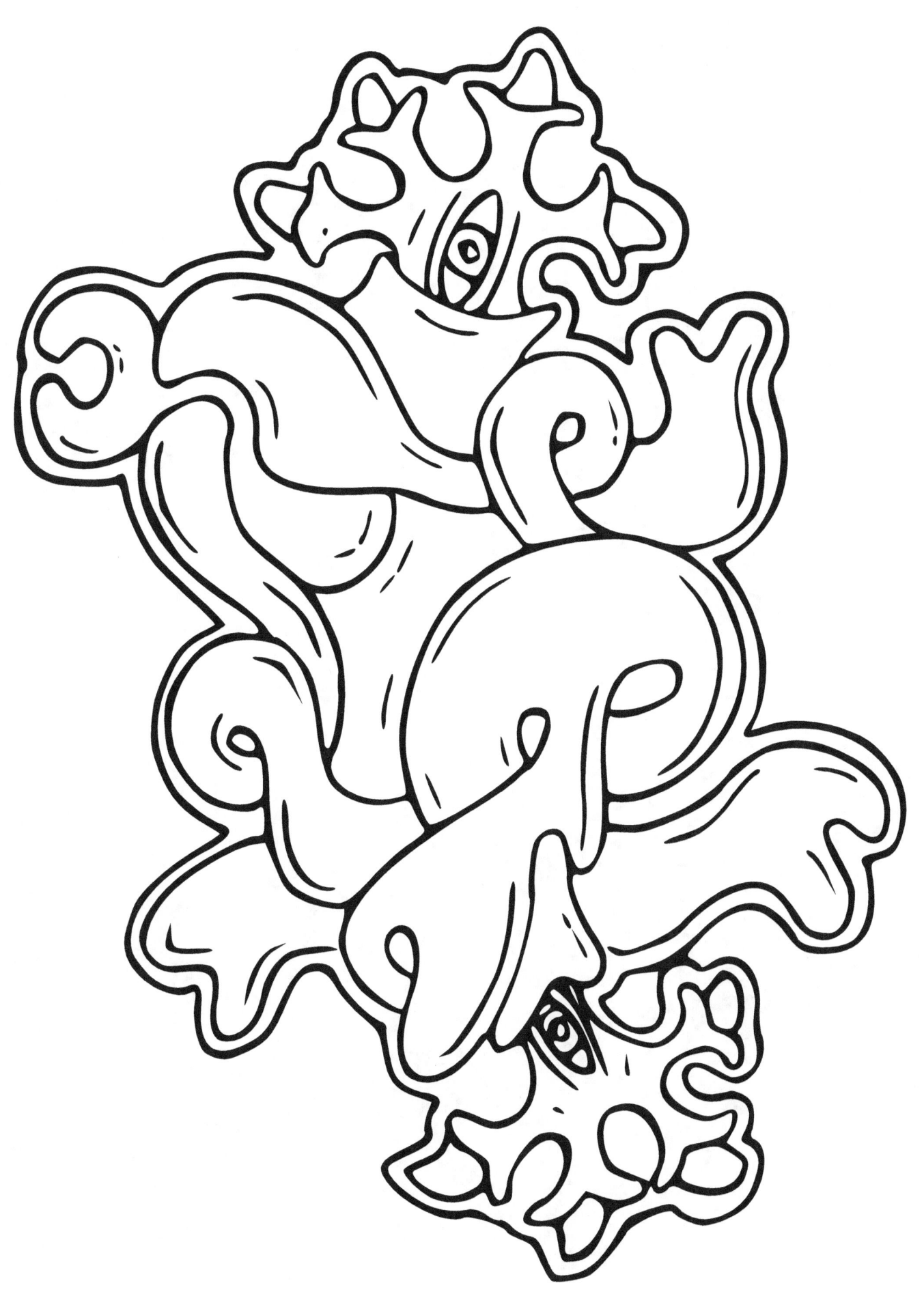

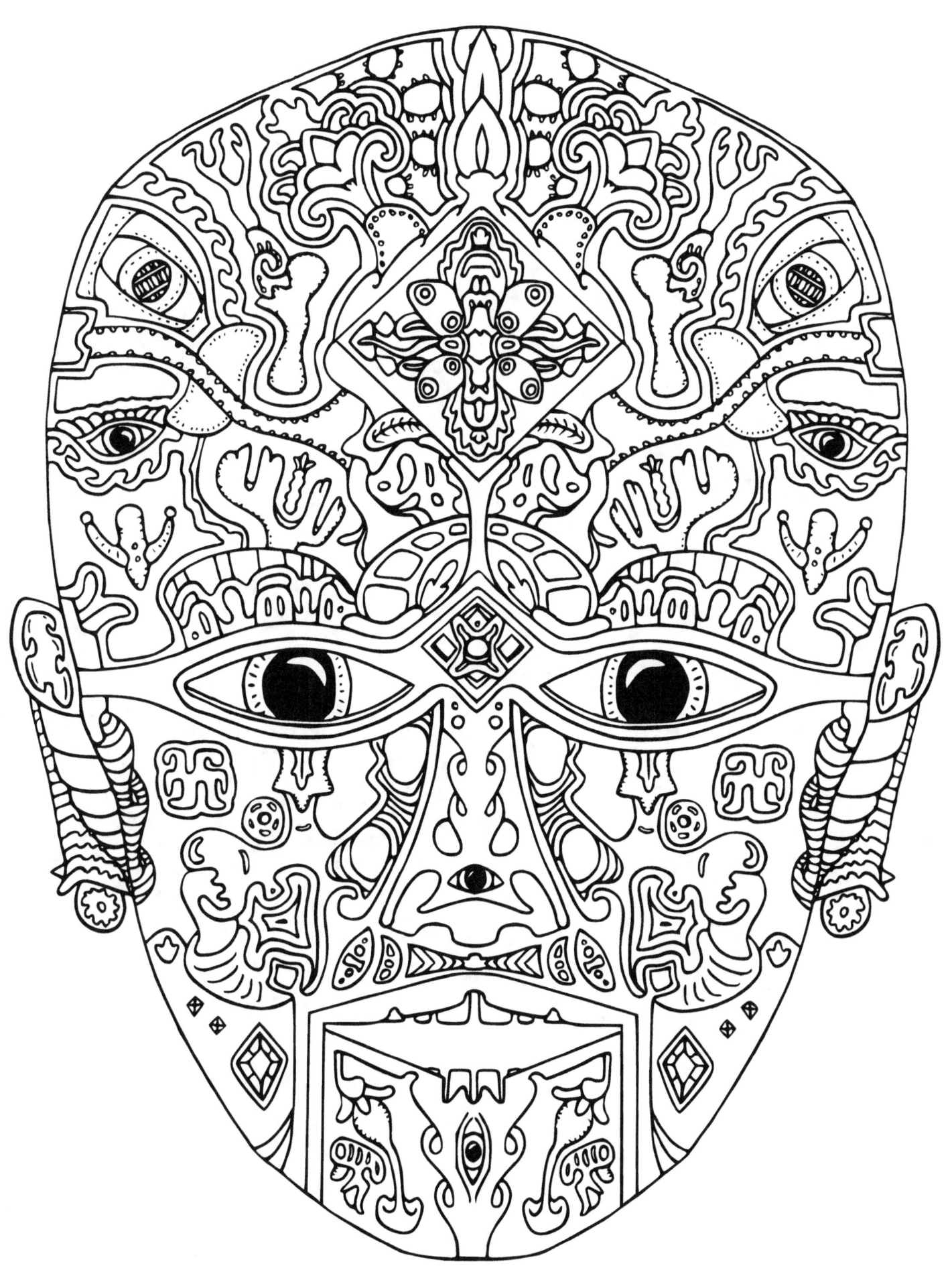

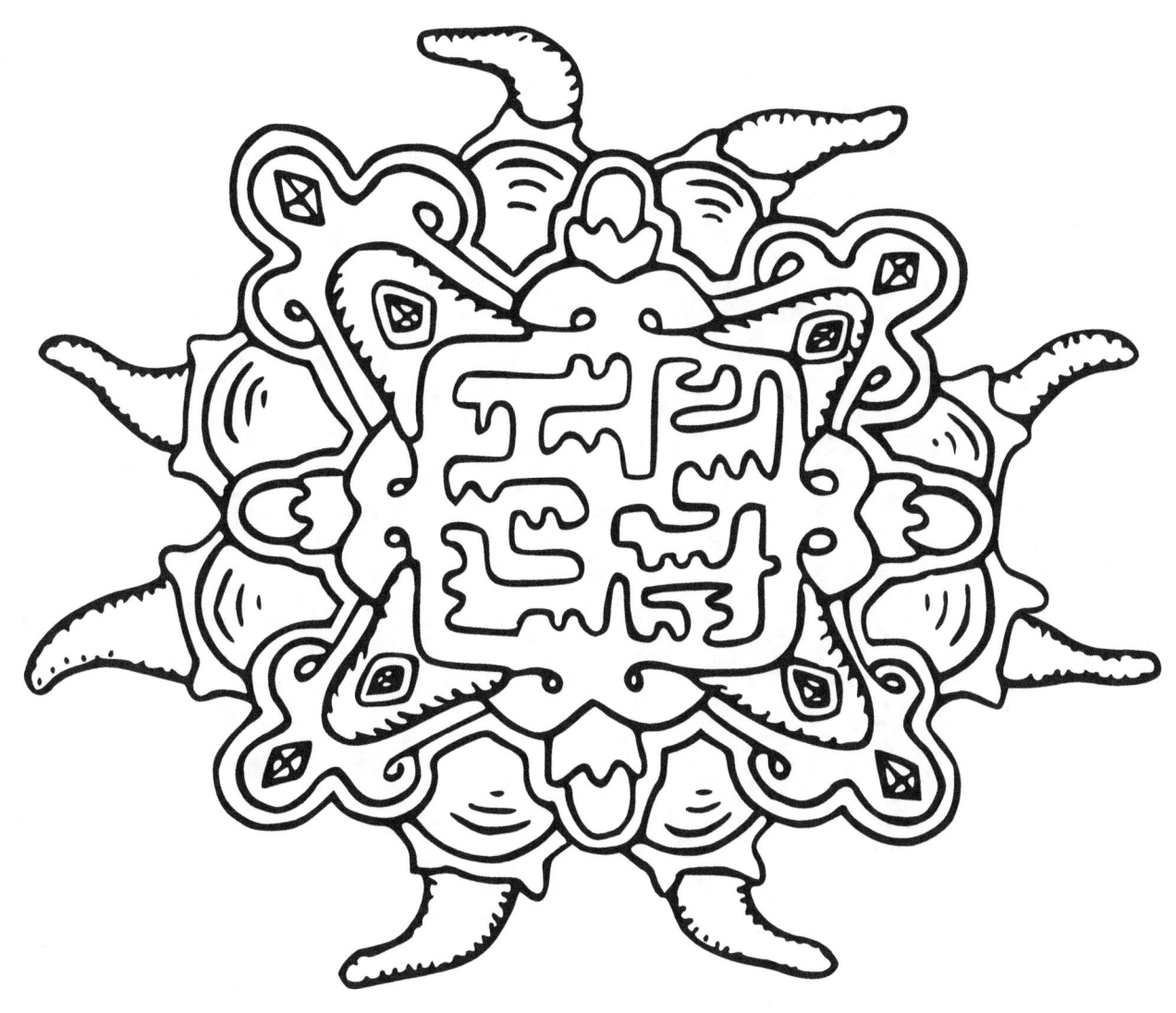

ꝛꝩꝇꝅꞁ� ꝇꝩꝴꝥꝛ ꝥꞁꝅ꞉ꝩꞁꝃ

ꝛꝩꝇꝅꞁ꞉ ꝇꝩꝴꝥꝛ ꝇꝩ ꝥꝇꝅ ꝥꝃꝛꝥ ꝇꝇꝩꝅꝅꝃ ꝇꝅꝅꝇꝇꝅꝩ꞉ꝇꝇꞁꝛꝅꝛ꞉ ꝥꝃꝇꝇꝅꝛꝇꝅꝇꝩꝃꝇꝛꝛ꞉ ꝃꝩ ꝴꝇꝅꝅꝇꝅꝇꝅꝅꝃ. ꝴꝇꝅꝅꝇꝅꝇꝅꝅꝃ ꝃꝩꝅꝇꝩꝃꝇꝩꝅꝛꝛ ꝩꝇꝅꝃꝇꝅꝇ ꝥꝅꝇꝅ ꝃꝛ ꝴꝅꝛ ꝛꝅꝅꝇꝇ ꝇ ꝇꝅꝇꝃꝛꝅꝃꝩ ꝅꝛ ꝥꝇꝅ ꝛꝩꝇꝅꝇꝛꝃꝛꝛꝛ ꝇꝴꝃ ꝃꝅꝛꝛꝅ ꝃꝩ ꝇꝩꝅꝛꝃꝅ ꝴꝅꝛꝇꝅ ꝩꝅꝅꝇꝅꝅꝅꝅ ꝩꝅꝇꝇꝩꝴꝅ ꝛꝅꝛꝥꝩꝅꝇꝅ ꝥꝩꝃꝅ, ꝥꝩꝃ ꝛ꞉ꝩꝅꝅꝩꝛ ꝴꝅꝛ ꝥꝇꝅꝥꝃ ꝩꝅꝴꝛꝅꝅꝅꝩꝴ꞉ ꝇꝅꝅꝅꝇꝇꝅꝃ꞉ ꝛꝴꝥꝃꝅꝥꝥꝥꝛ.

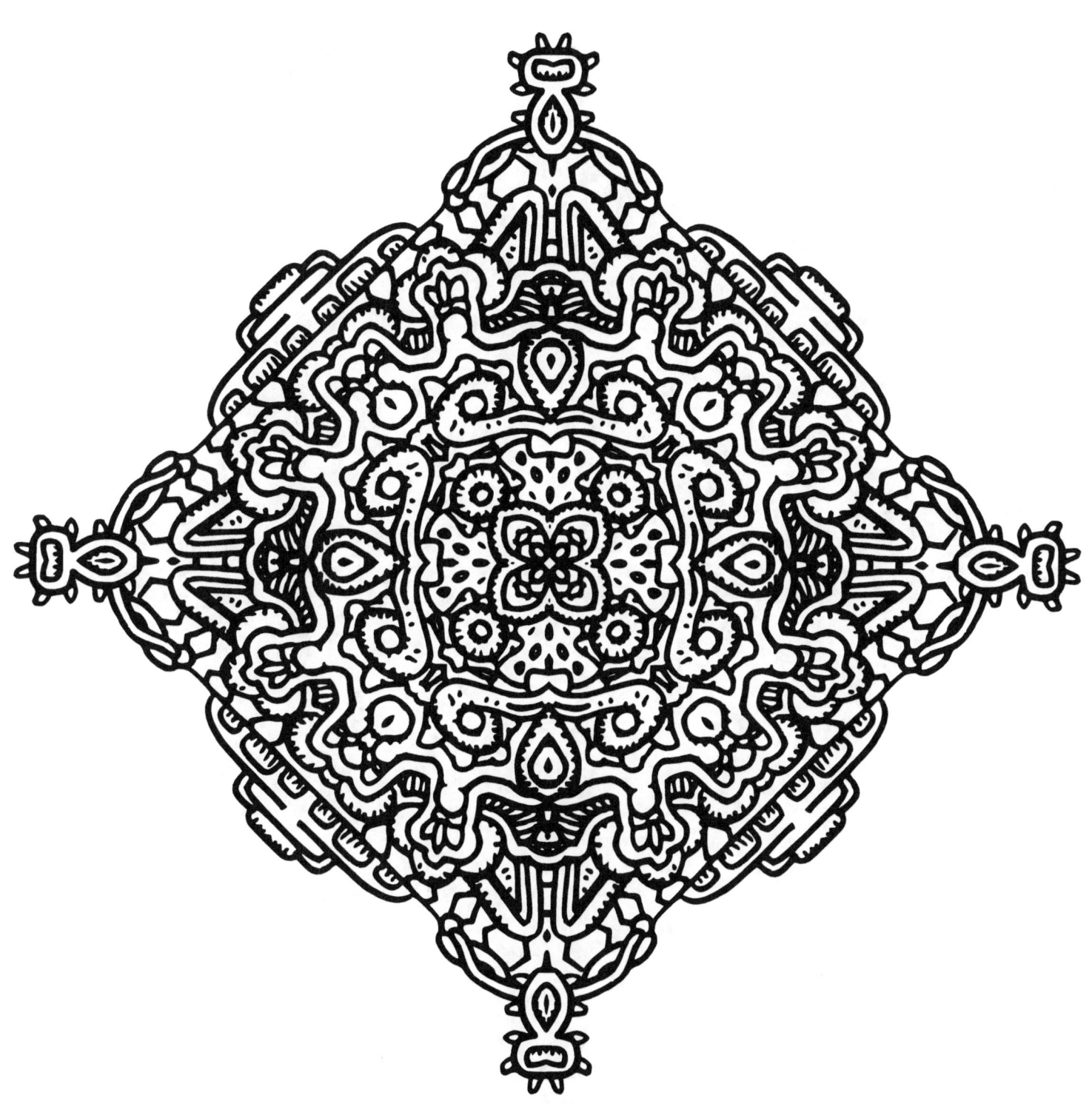

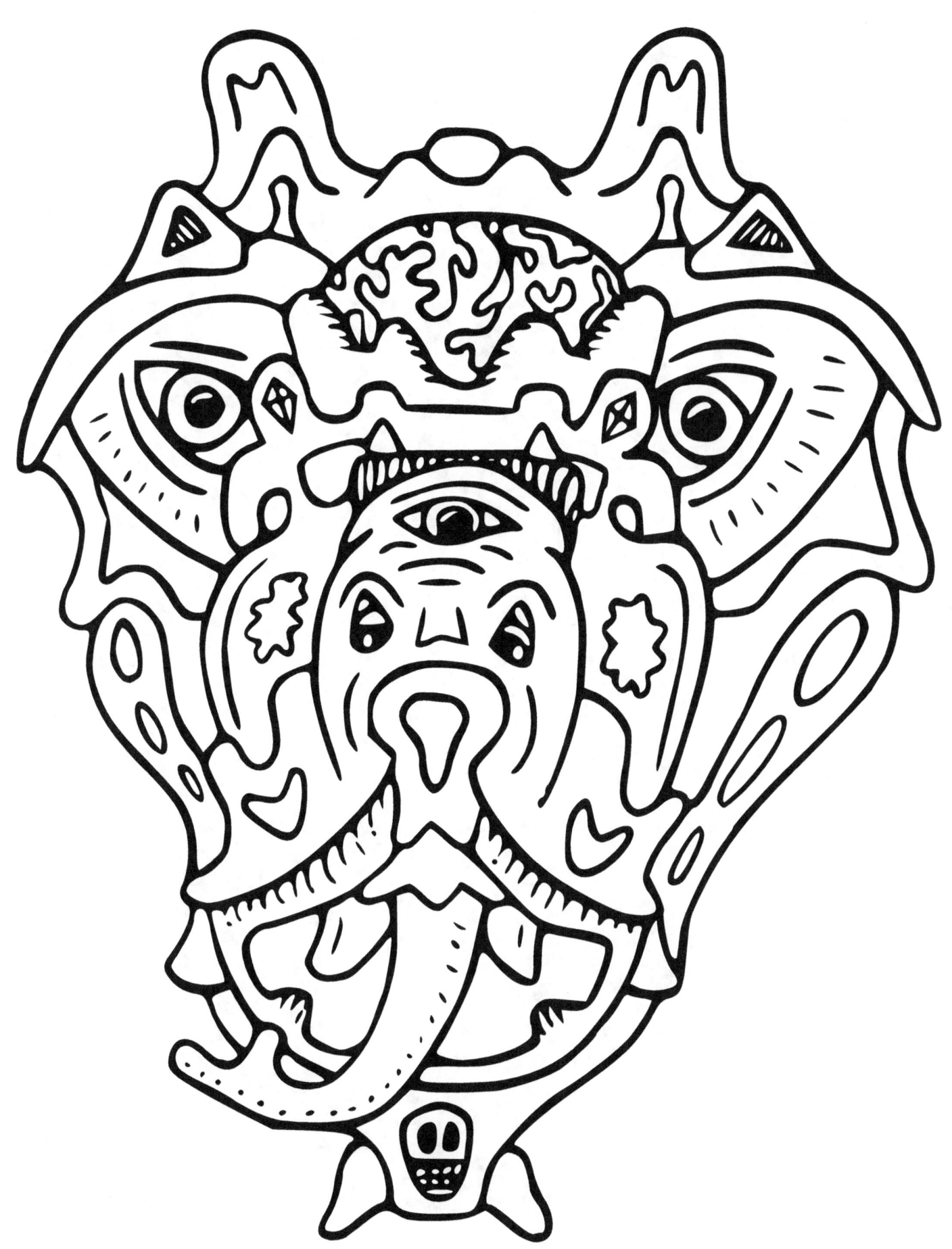

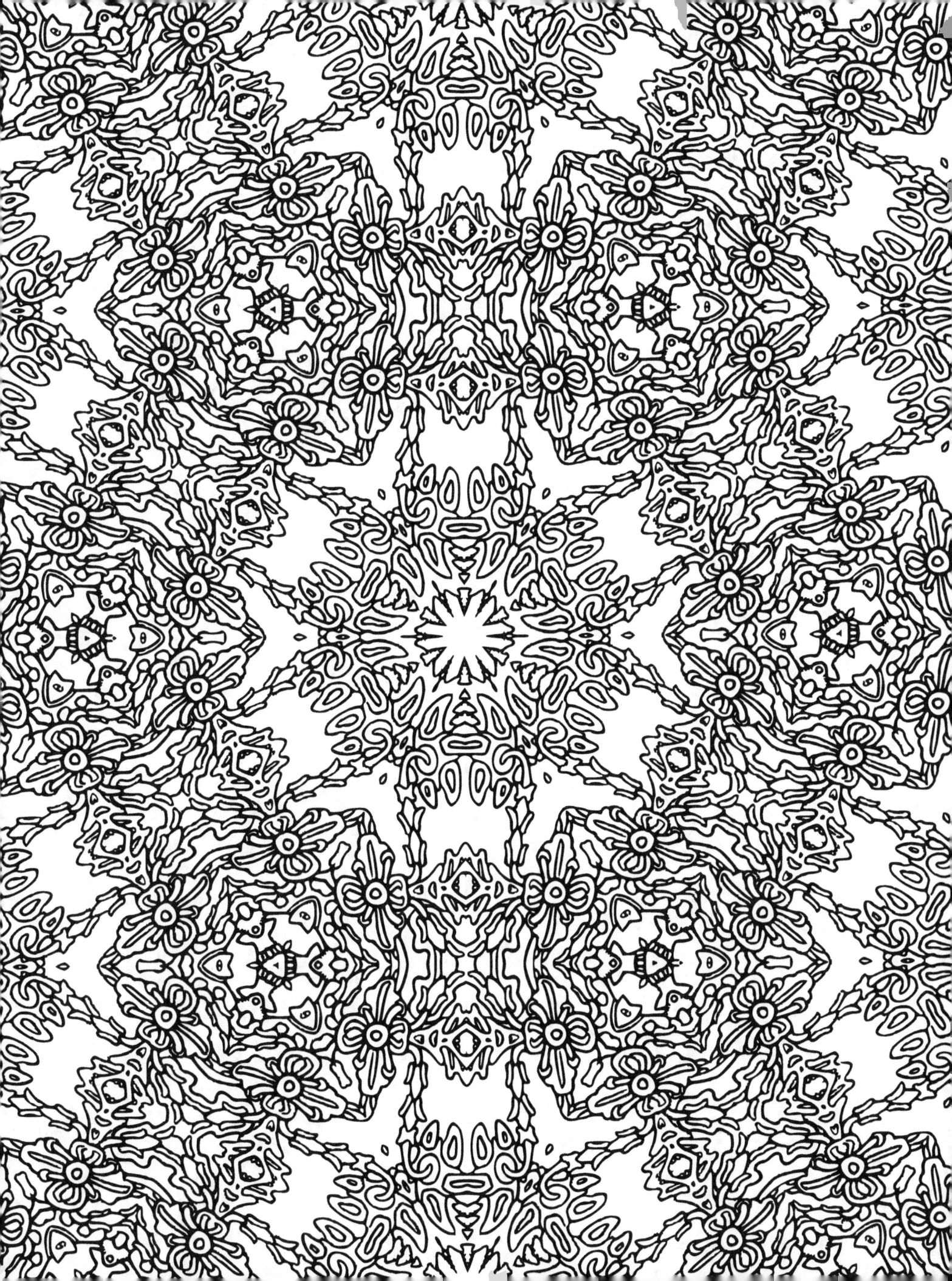

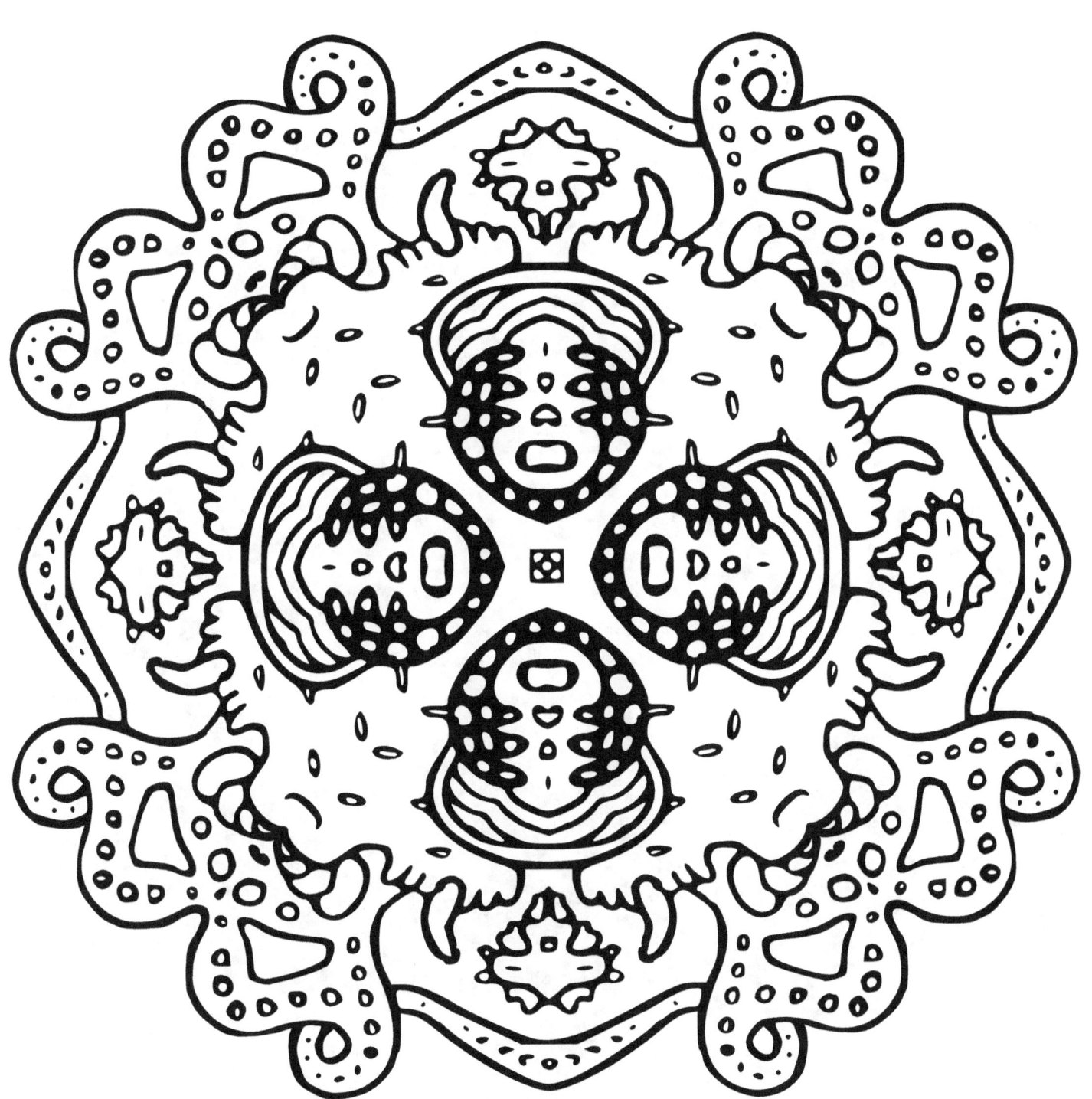

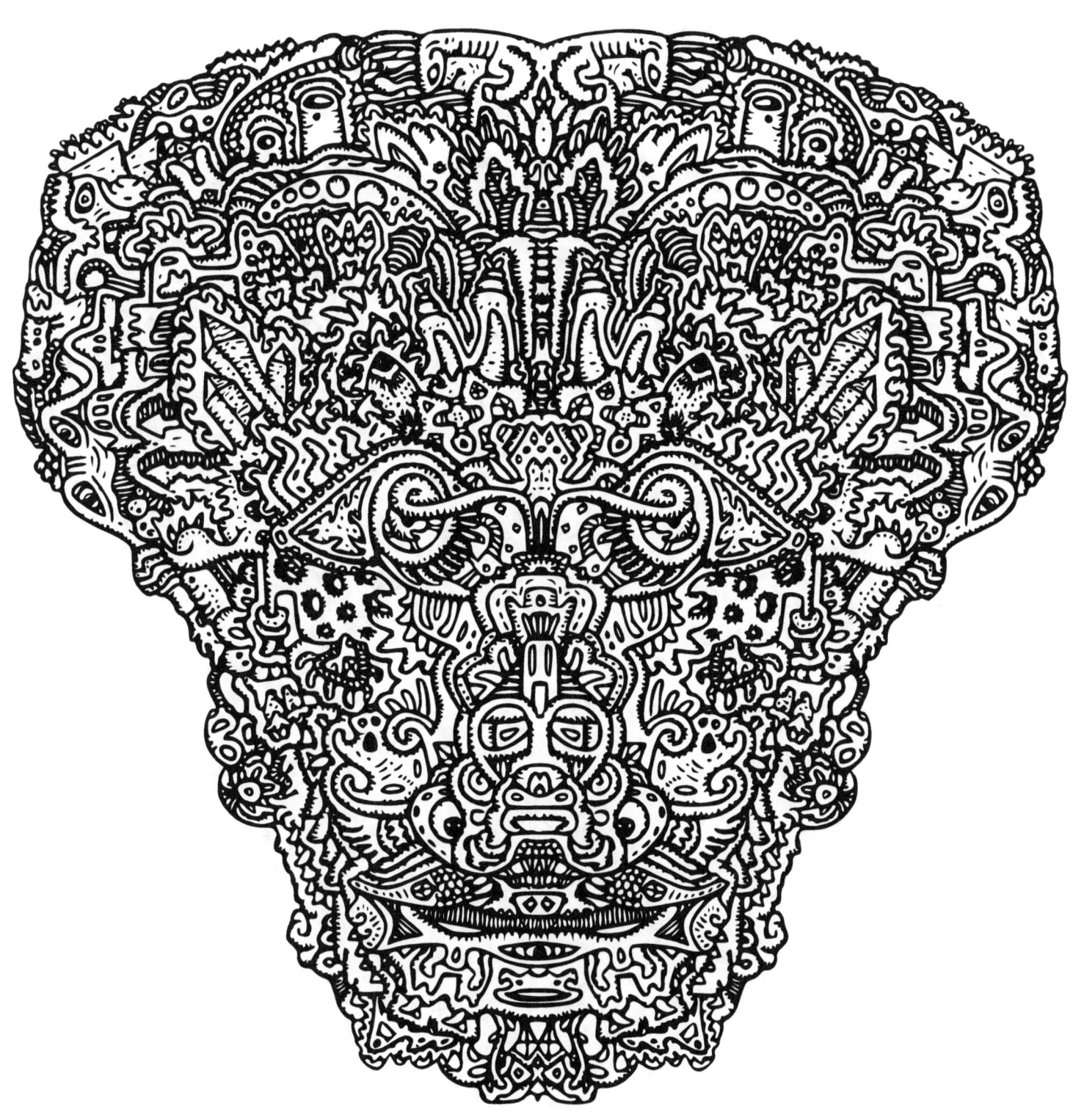

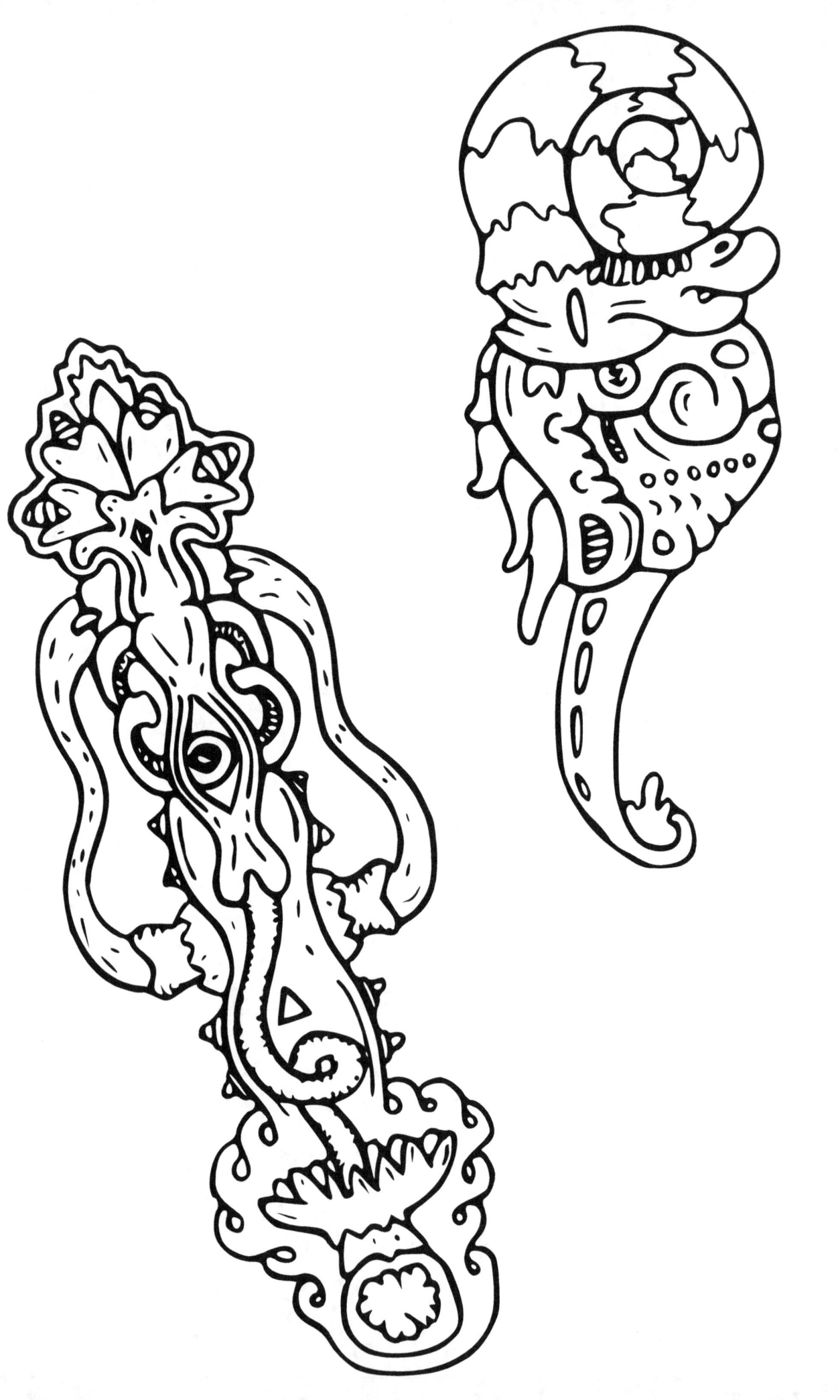

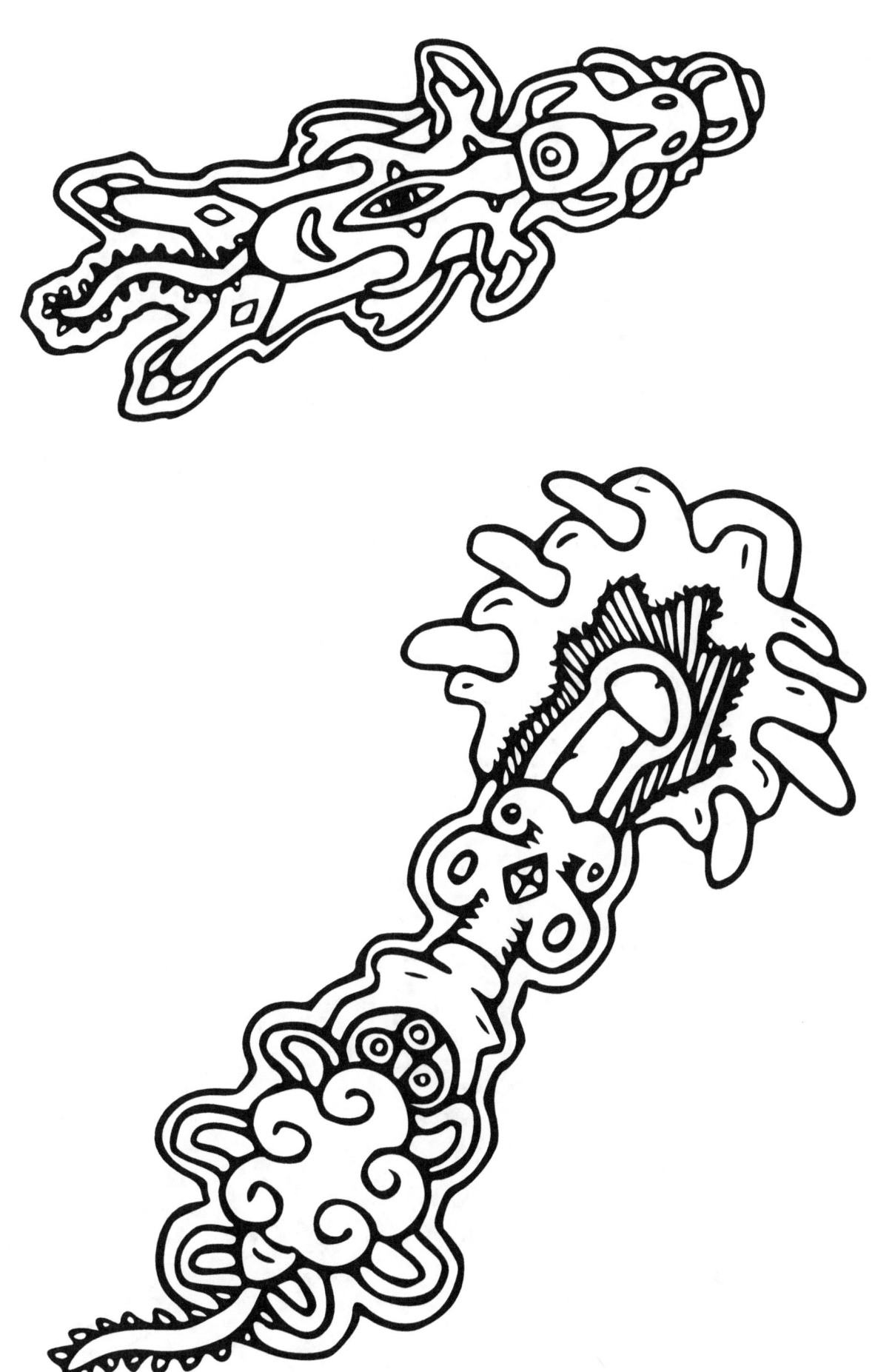

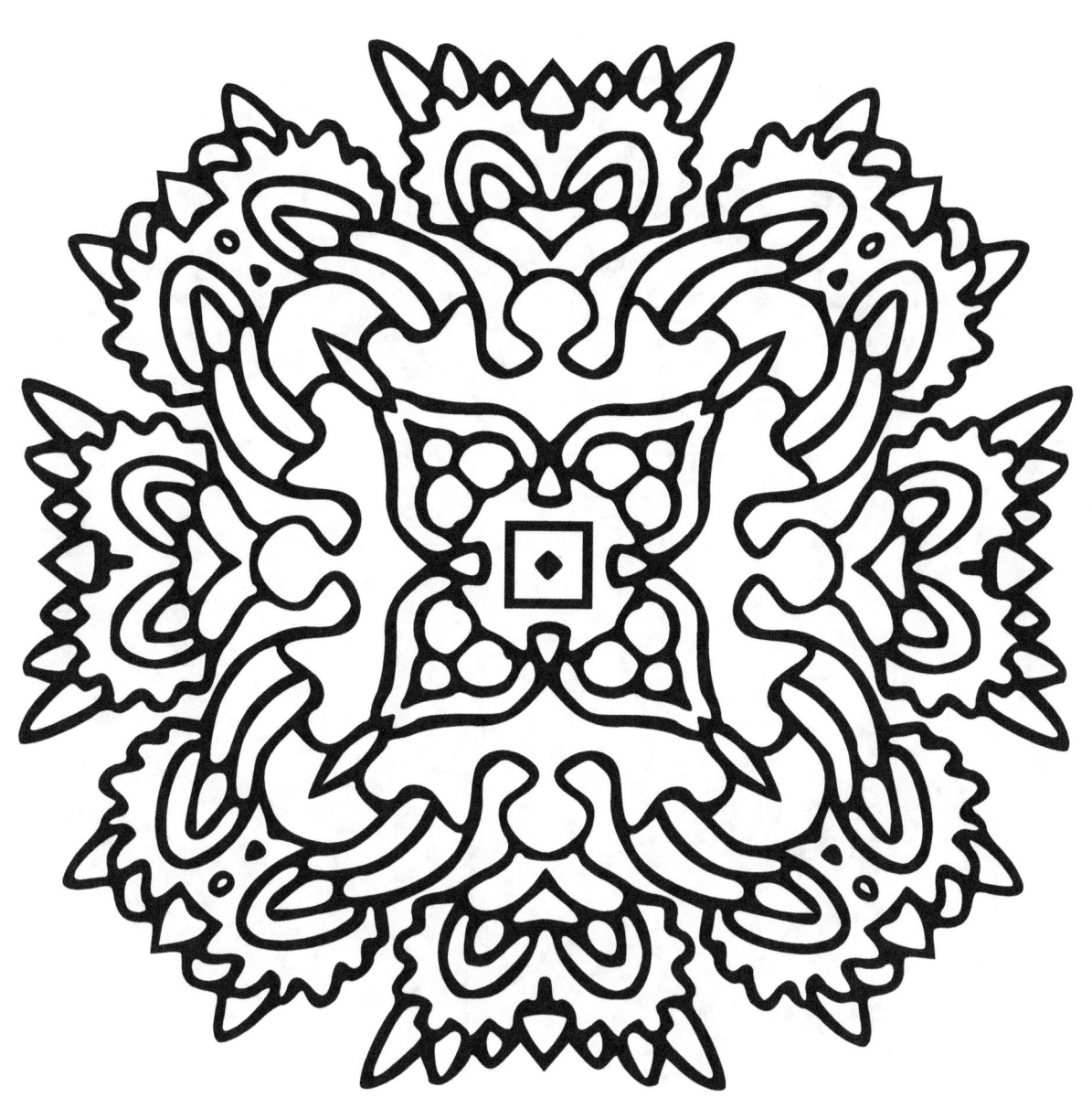

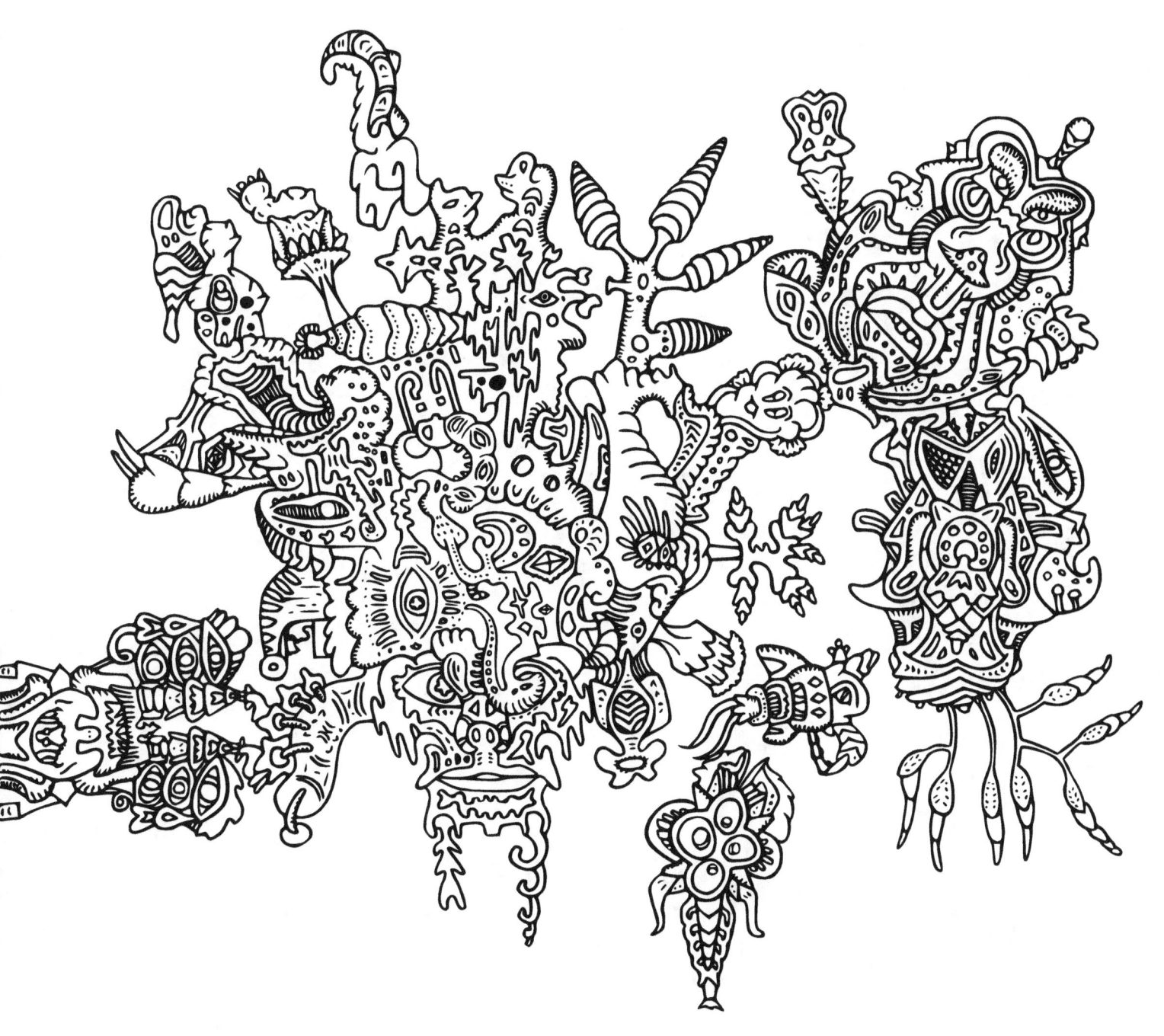

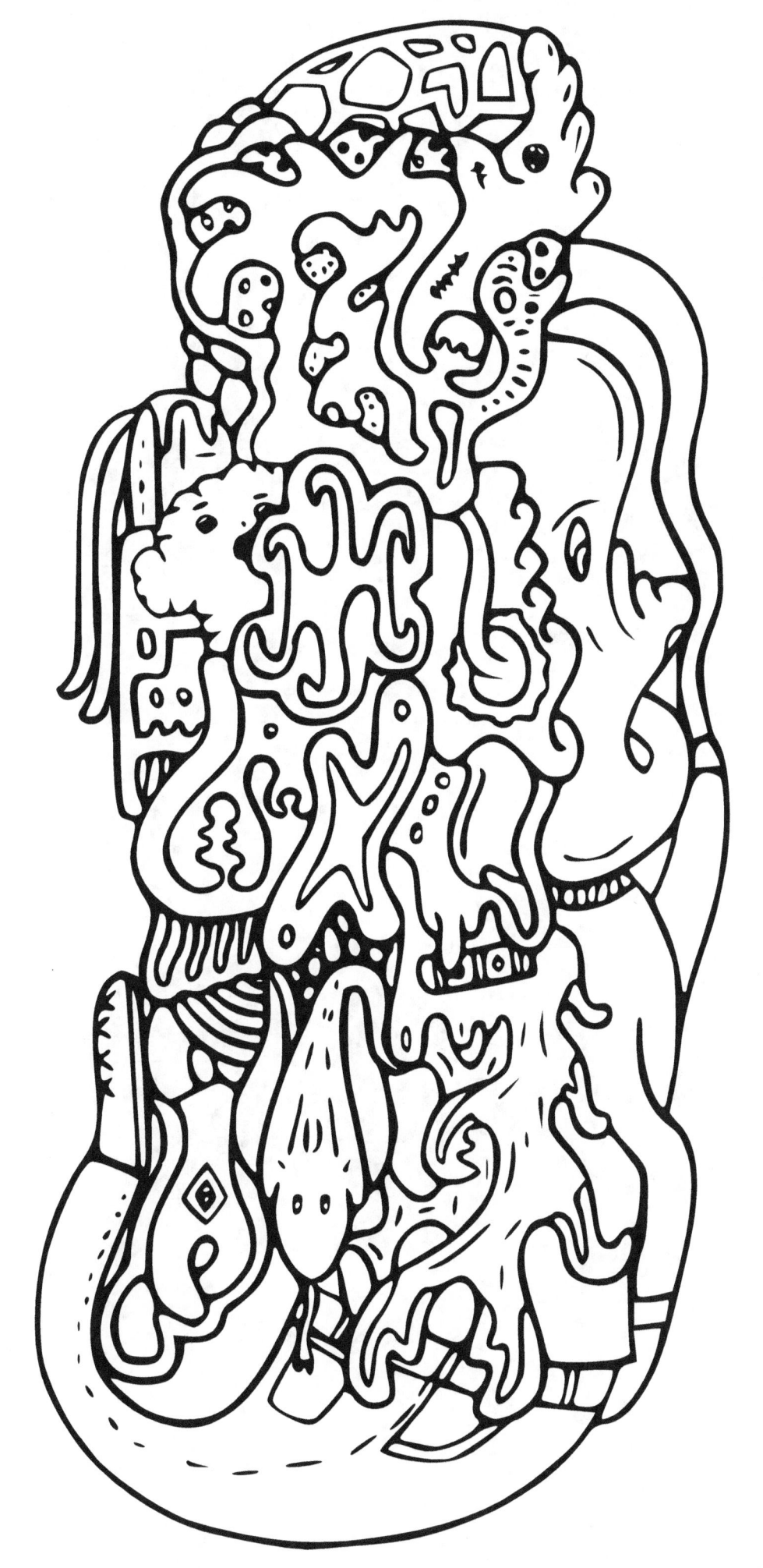

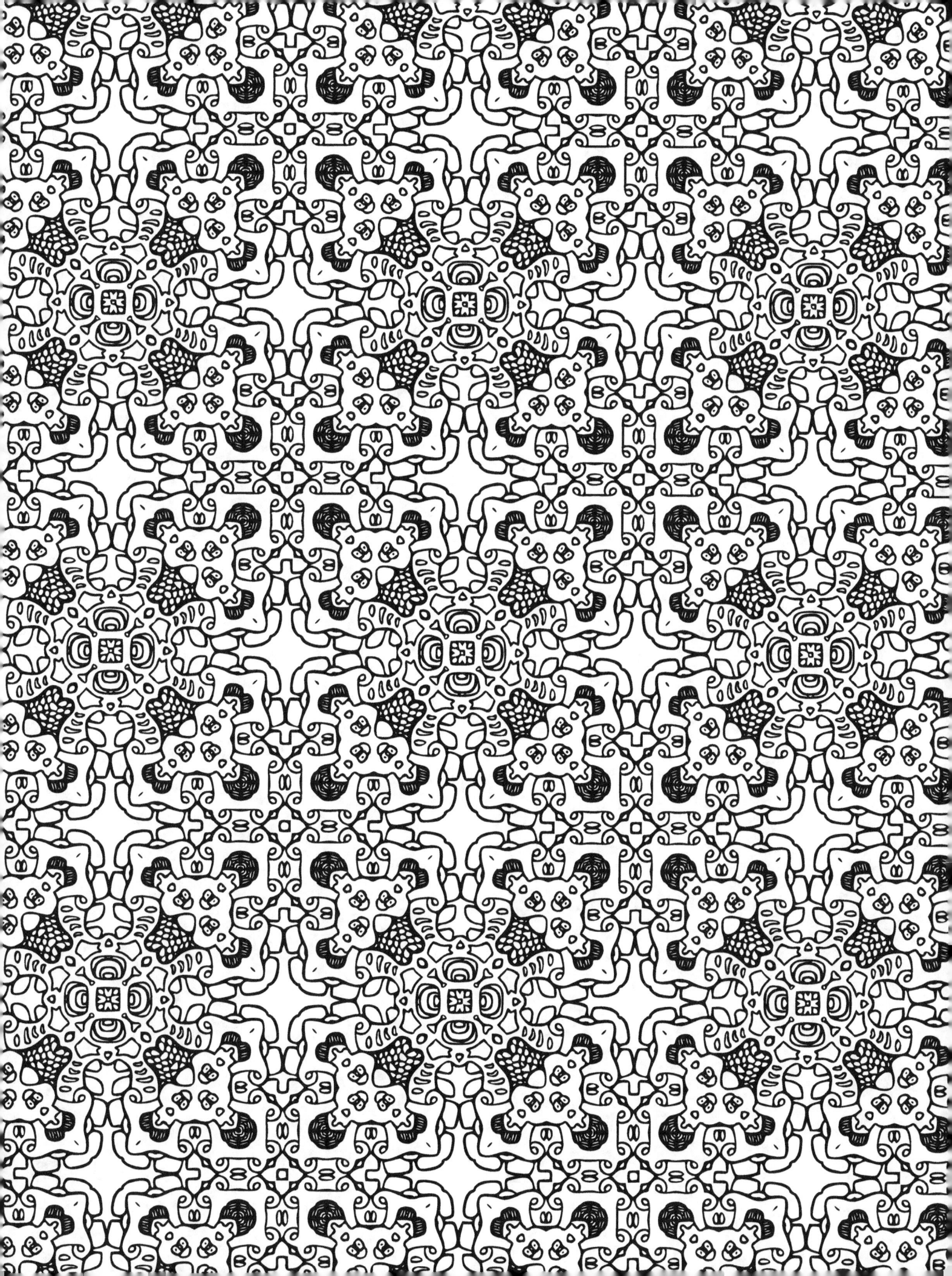

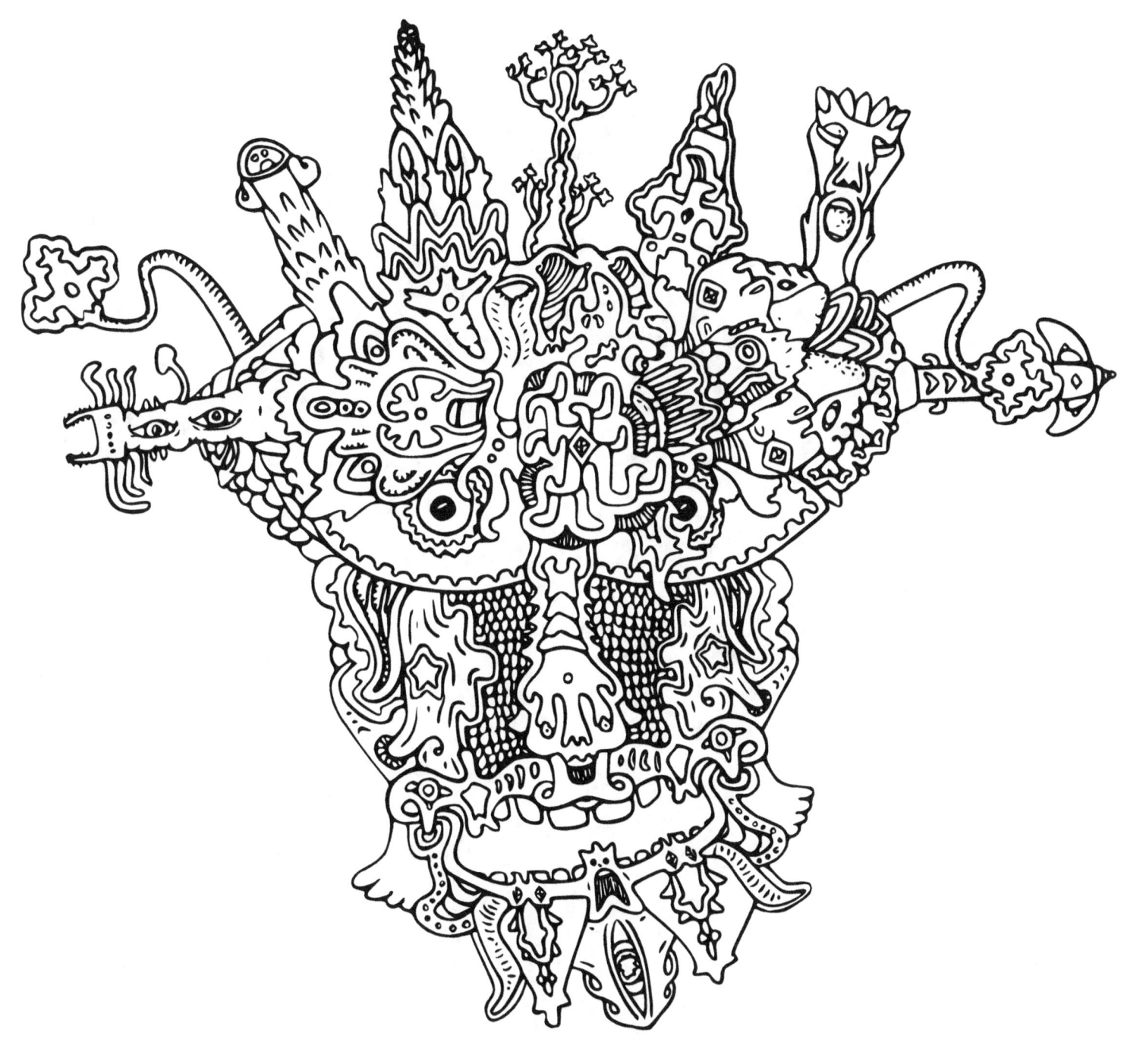

ᏒᎡᎣᏂᏟ ᎳᏆ ᏗᏟᏔᏟᏒᎢᏩ,
ᎳᏟᏒ ᎣᏗᏛᏔᏩ ᏋᏟᏔ ᏟᏒᎢᏩ!

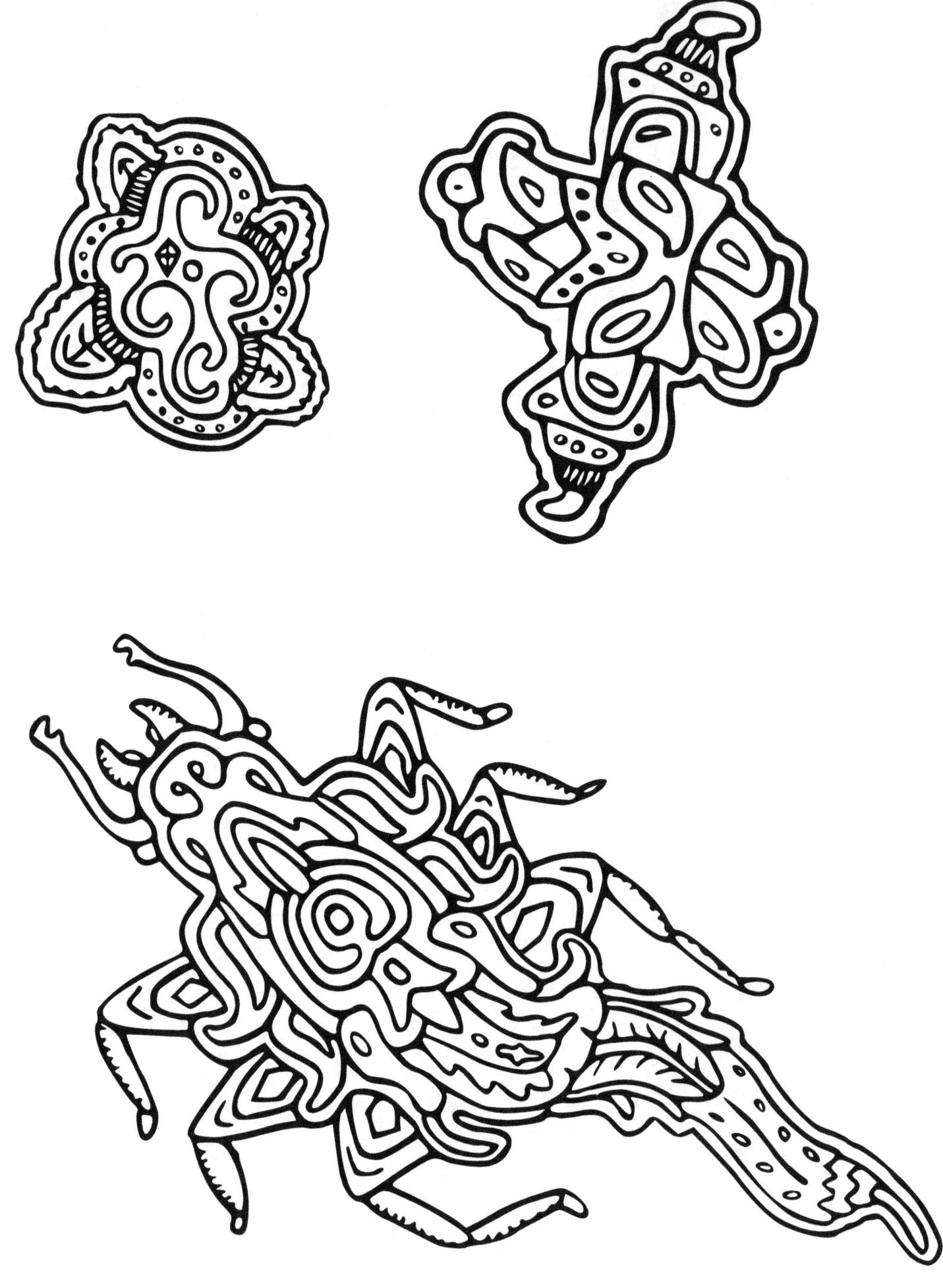

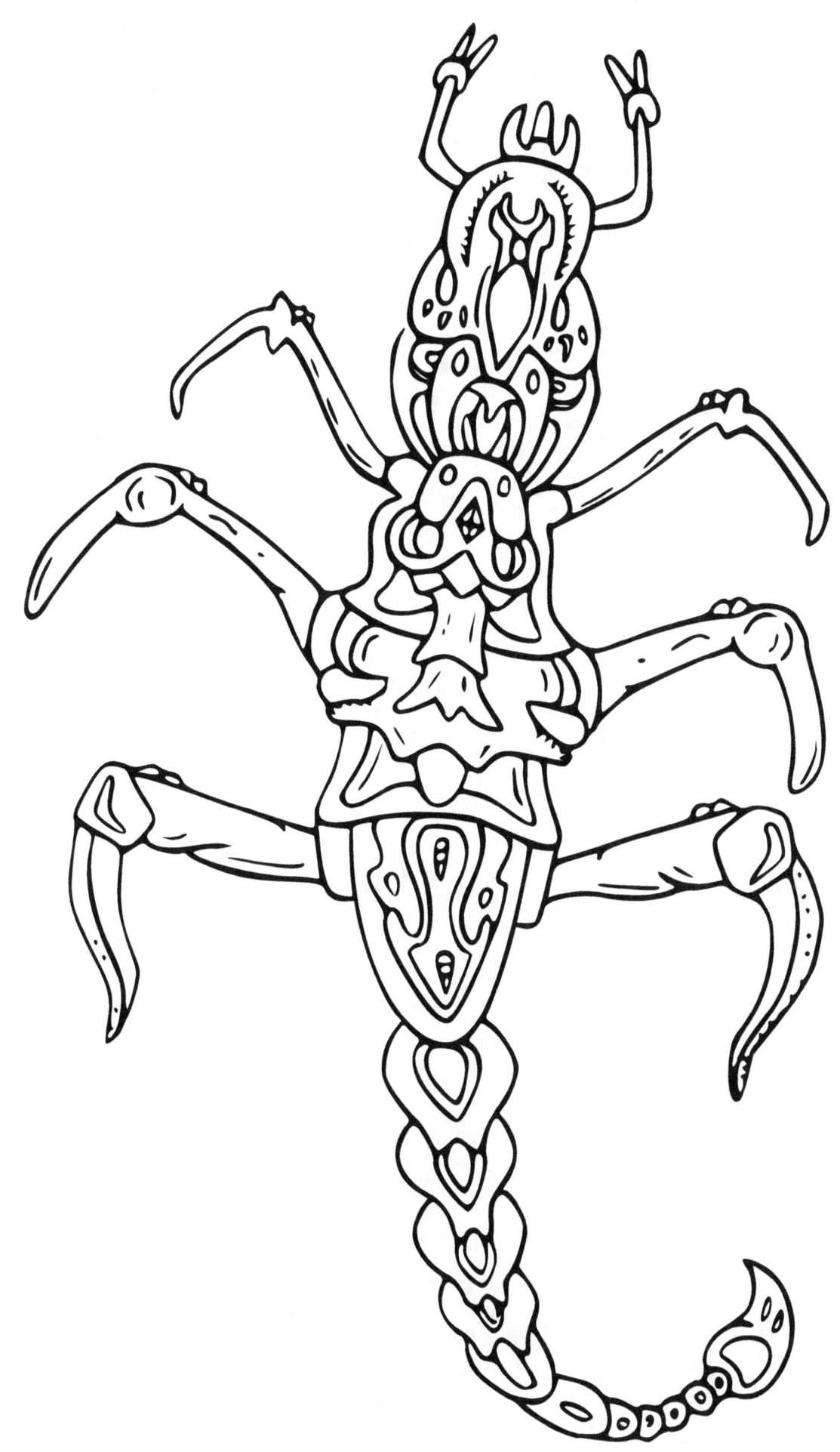

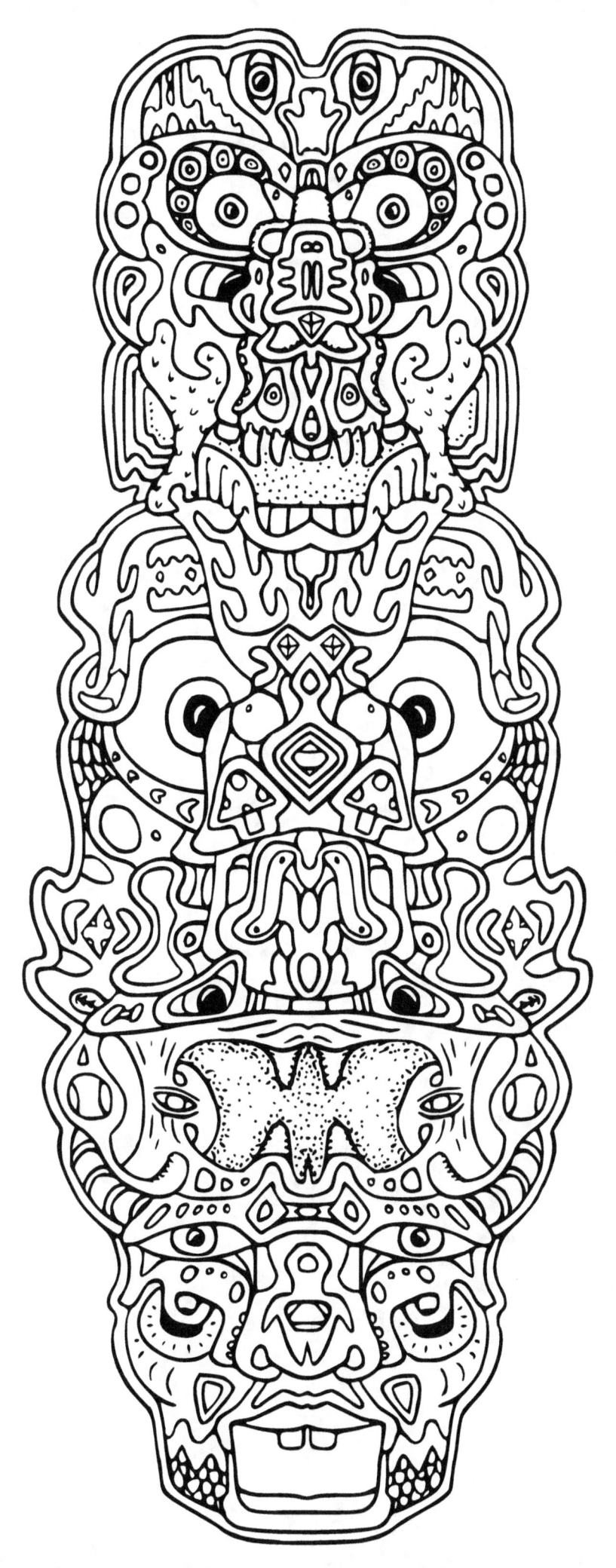

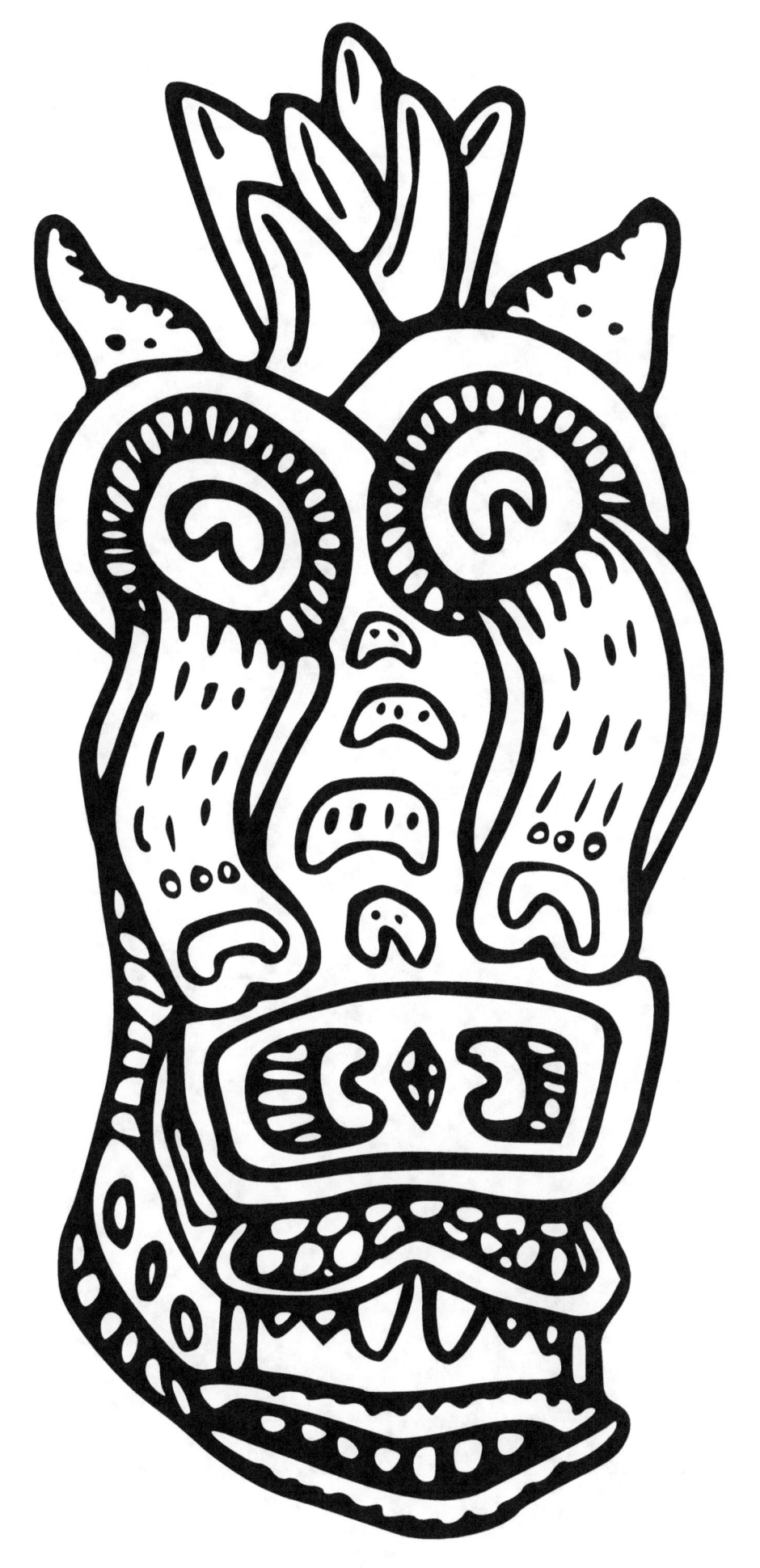

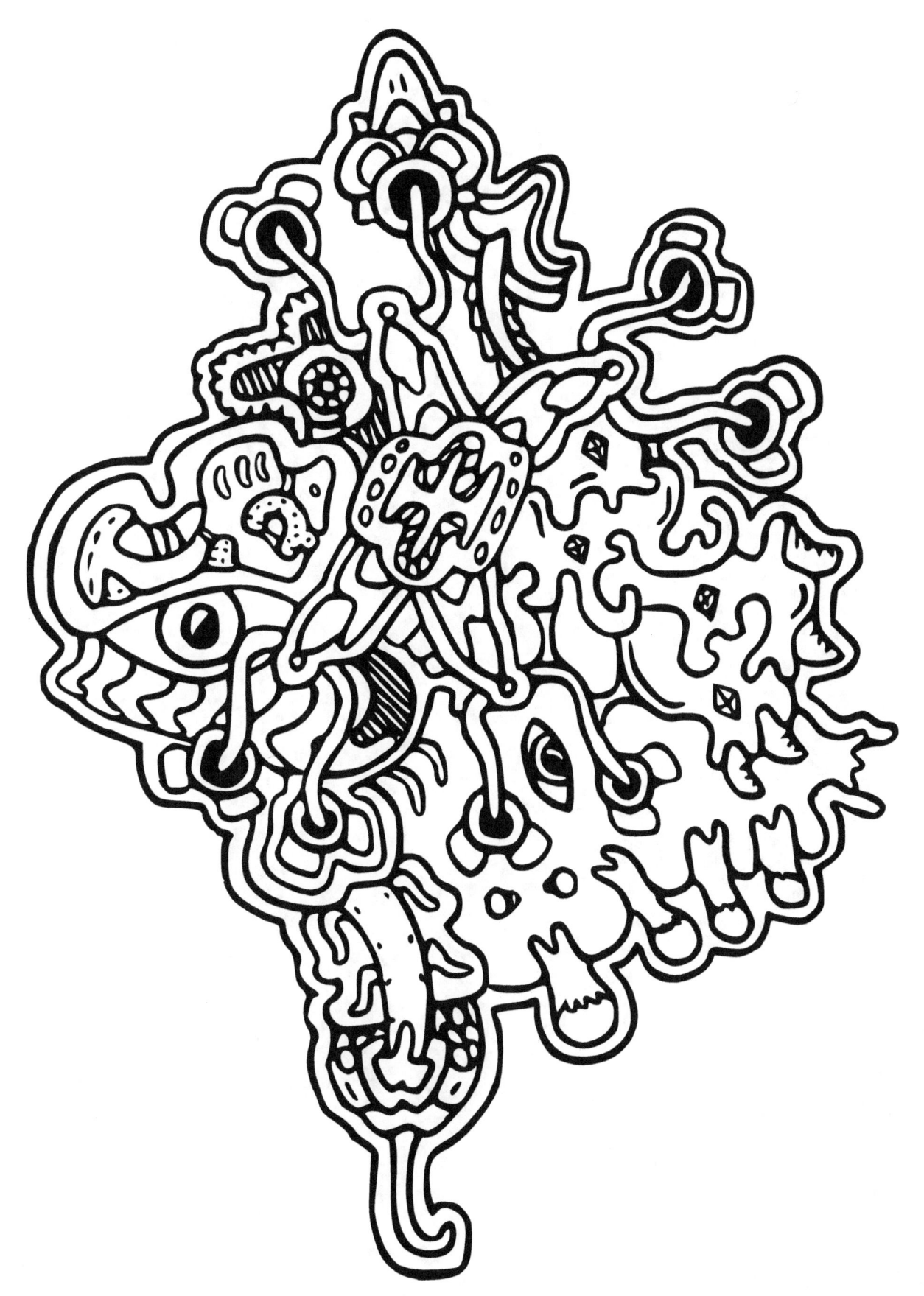

ᖶᒪᕊᏳᎫᗪᏳᑕ ᎫᏟᒪᕊ ᖶᒪᕊᏳᎫᗪᏳᑕᎫ ᎫᎦᏳᑕ ᐢᎫ ᏟᏝᎫᎫᗪᏳᏒᒪᏳᎫᏟᎩ

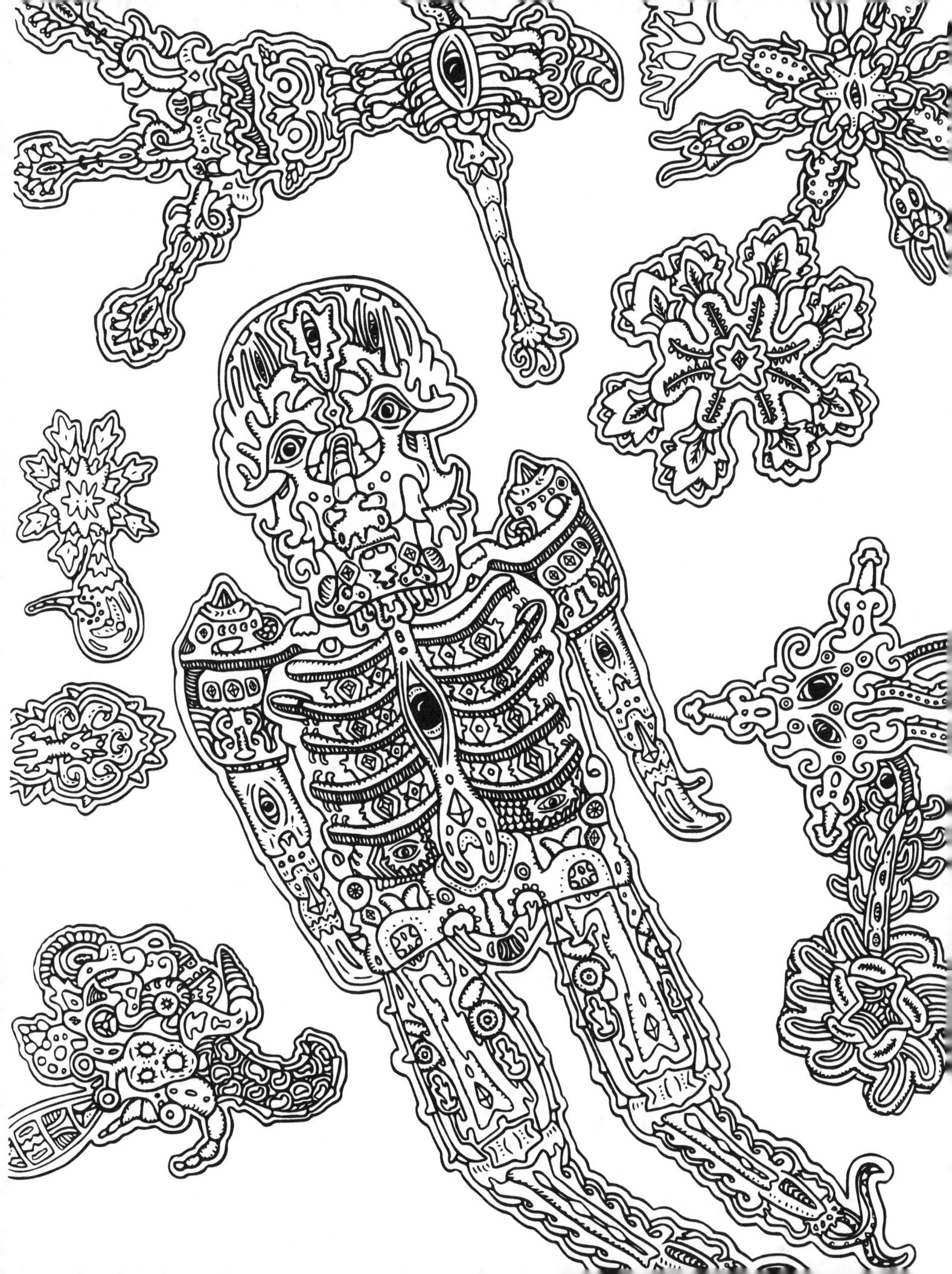

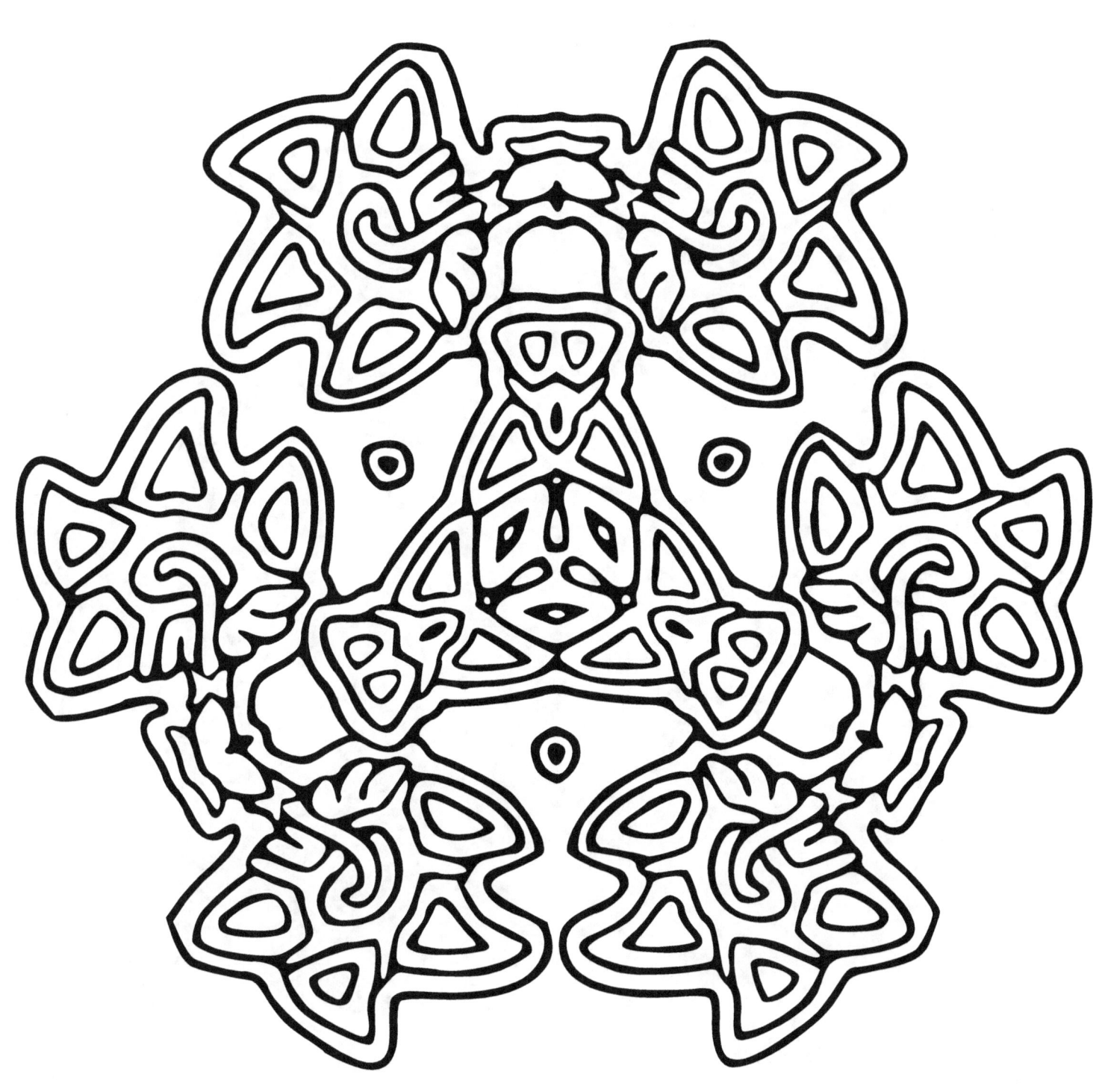

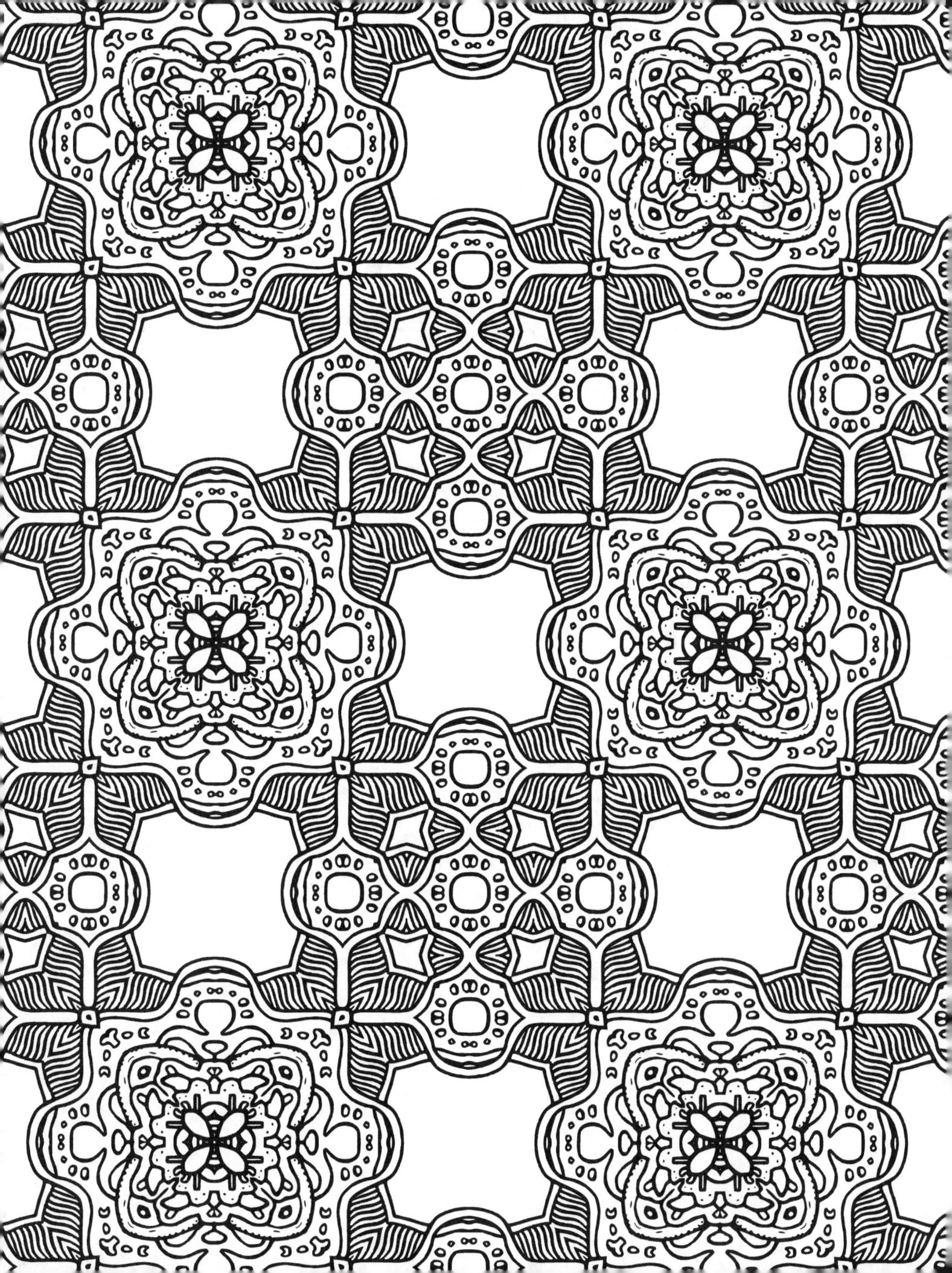

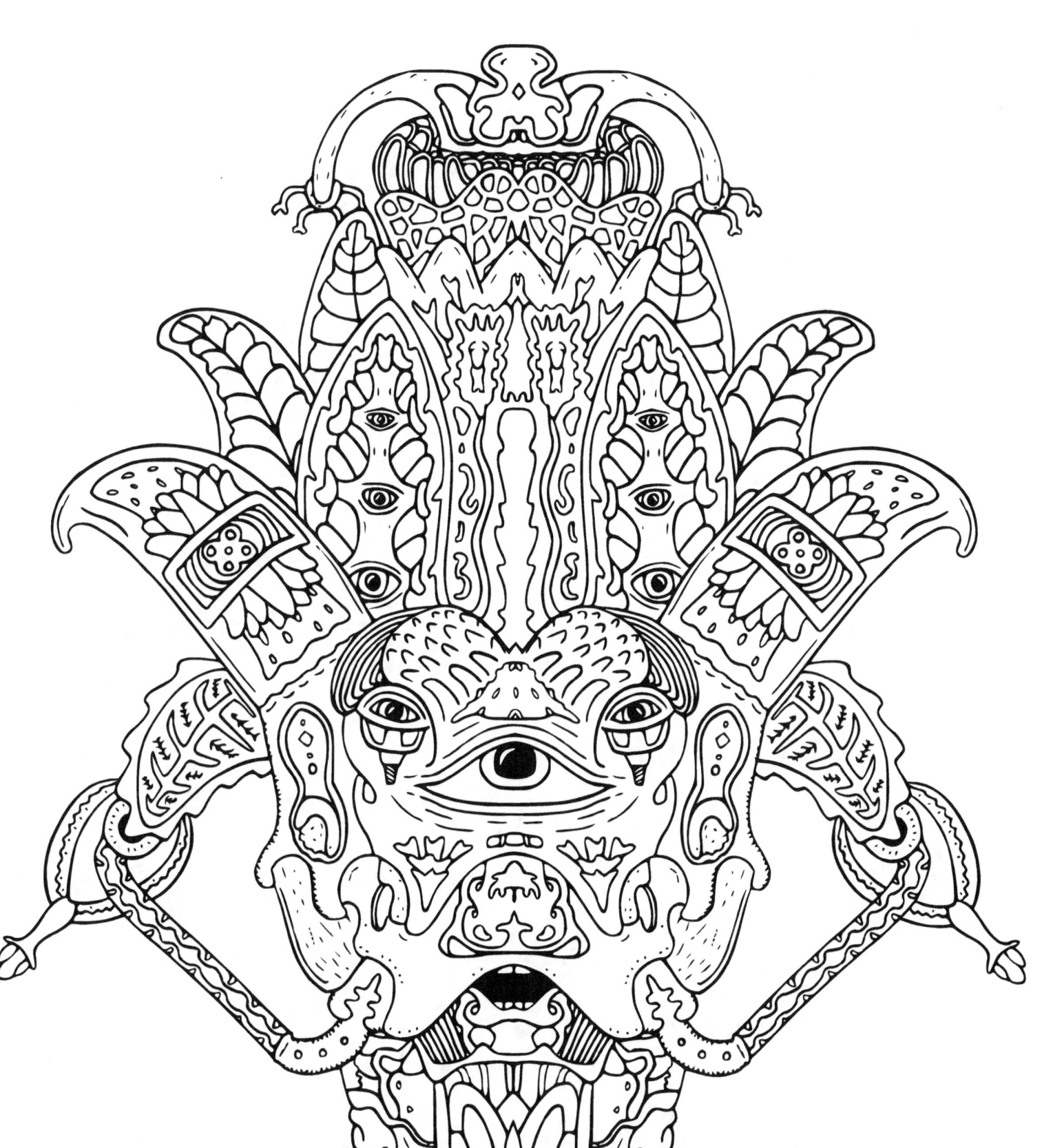

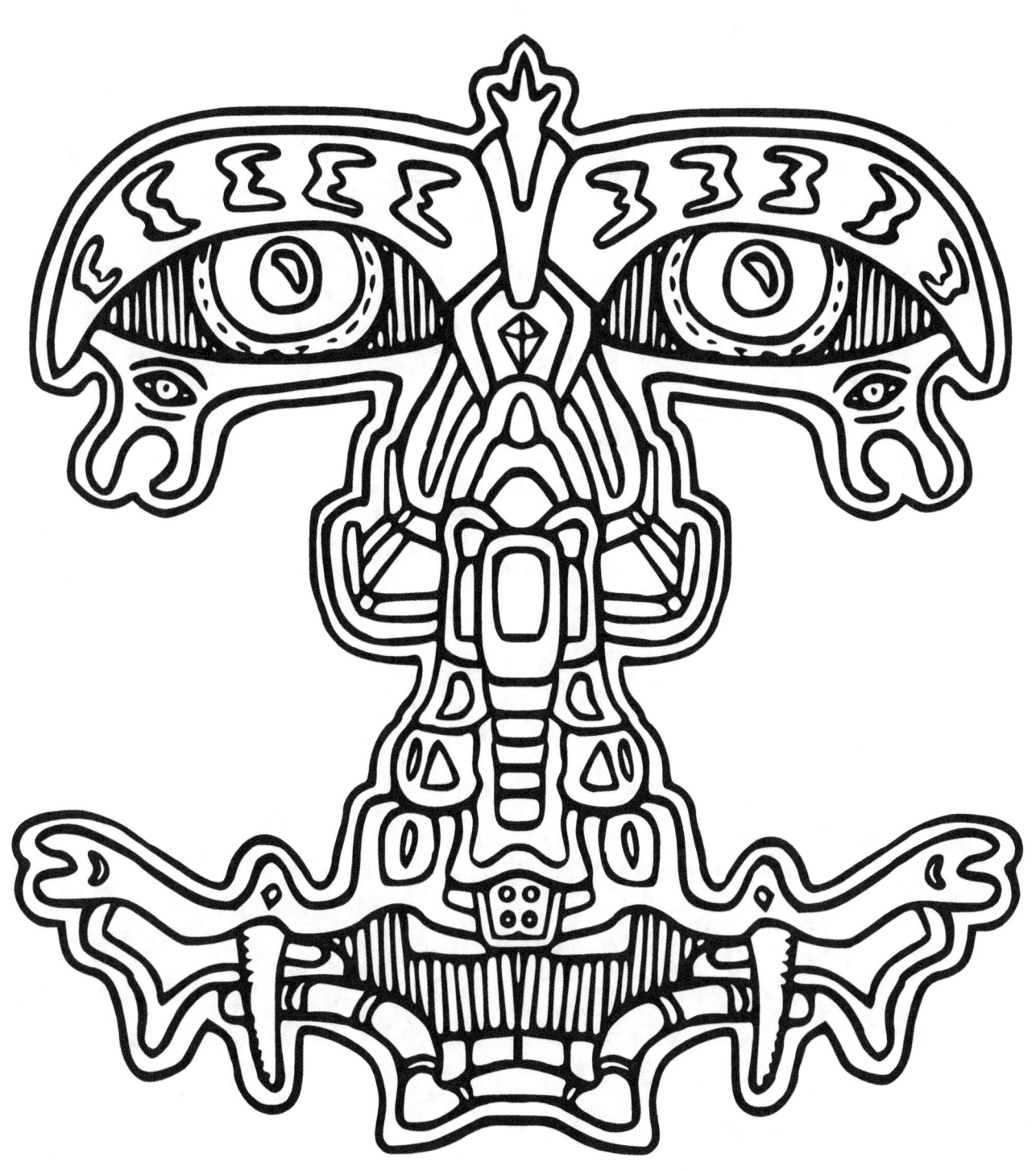

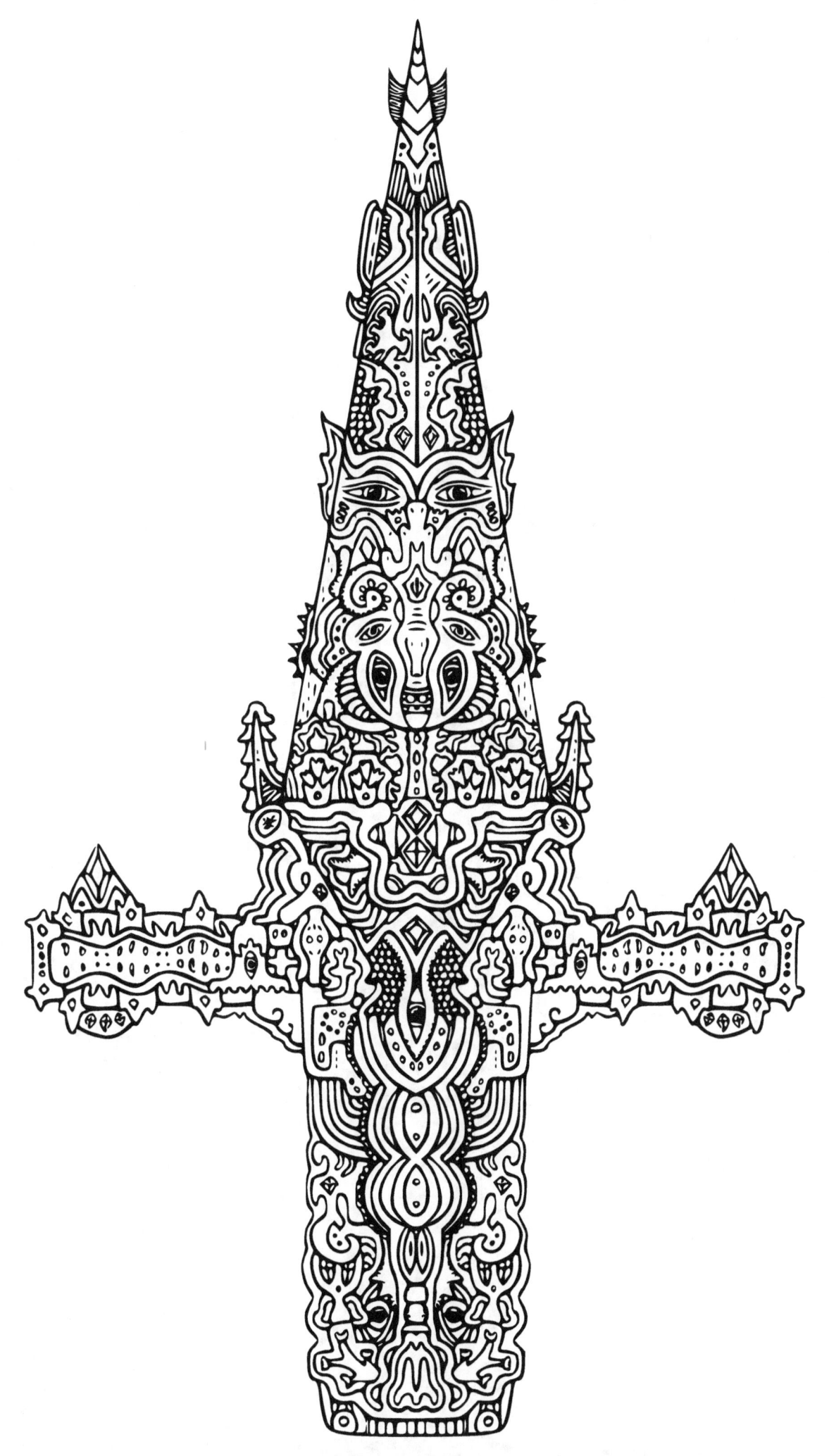

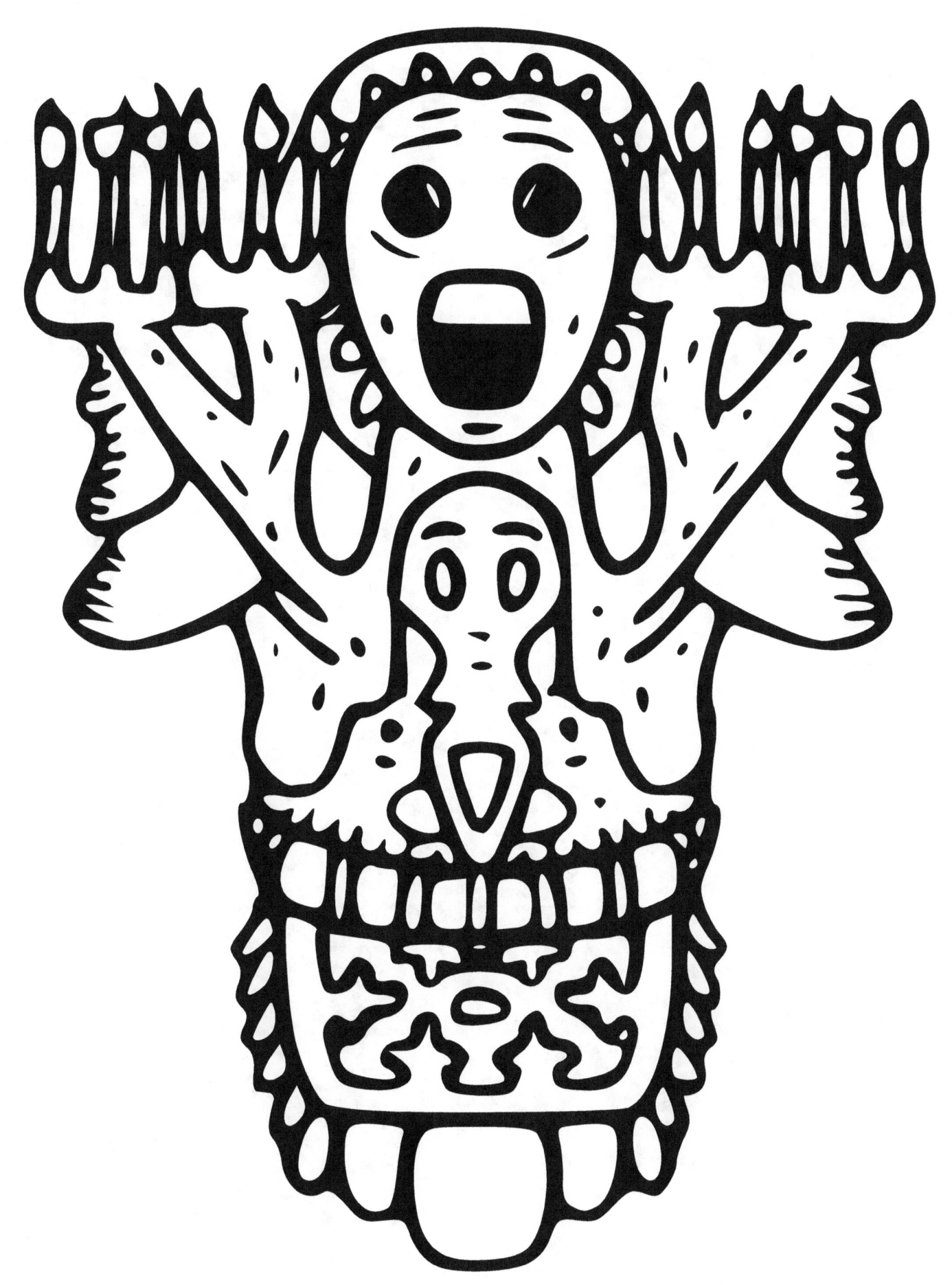

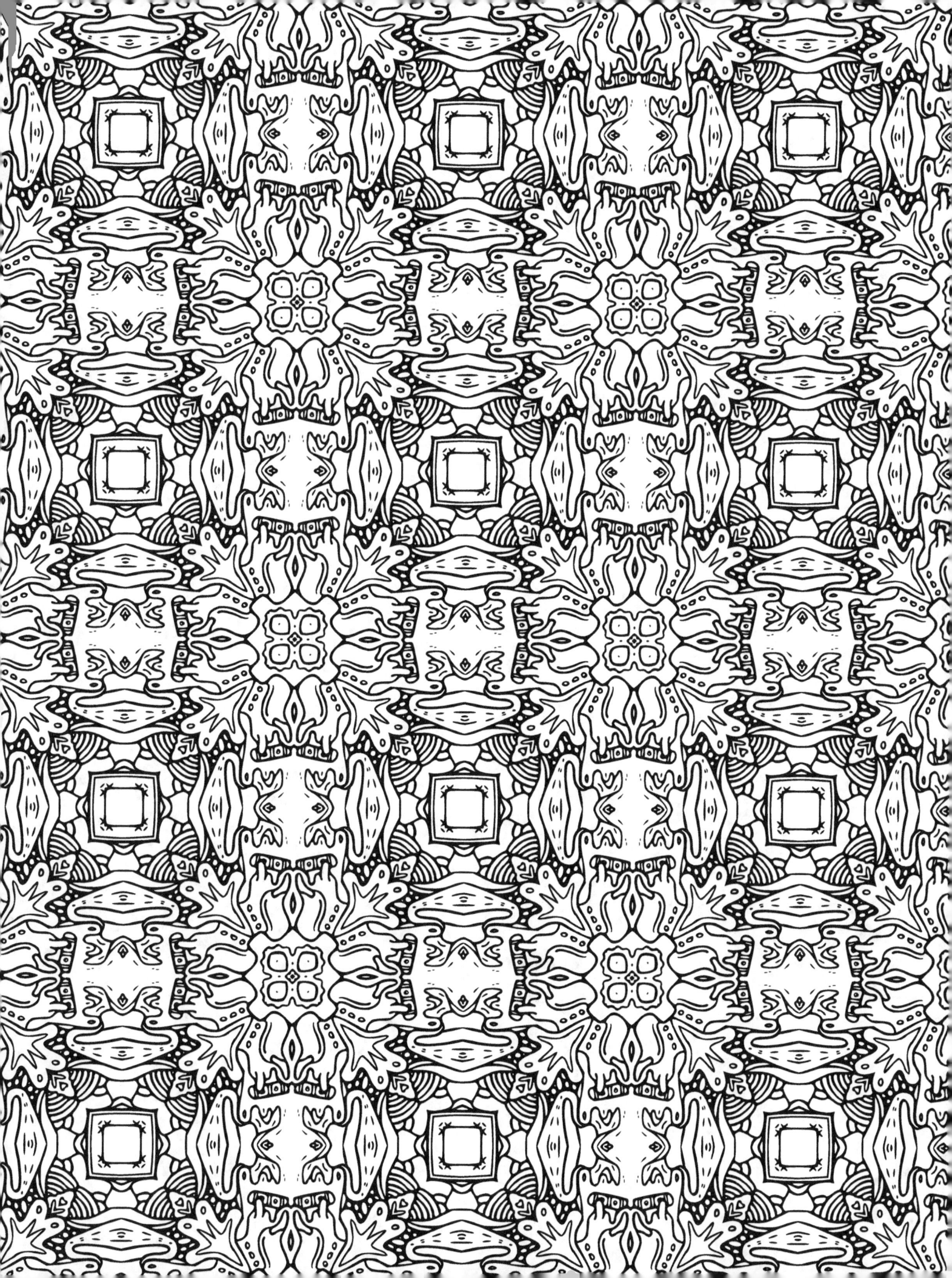

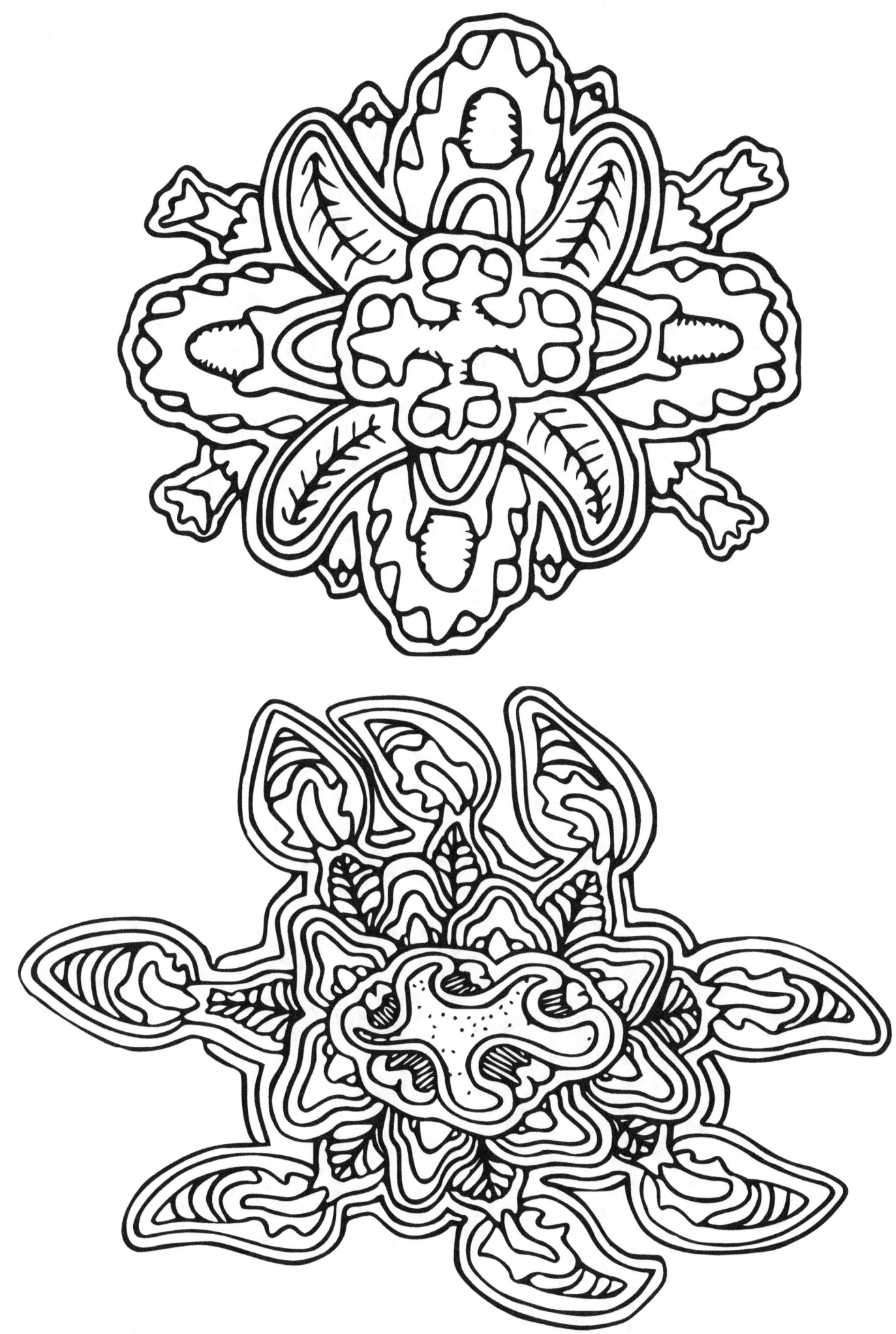

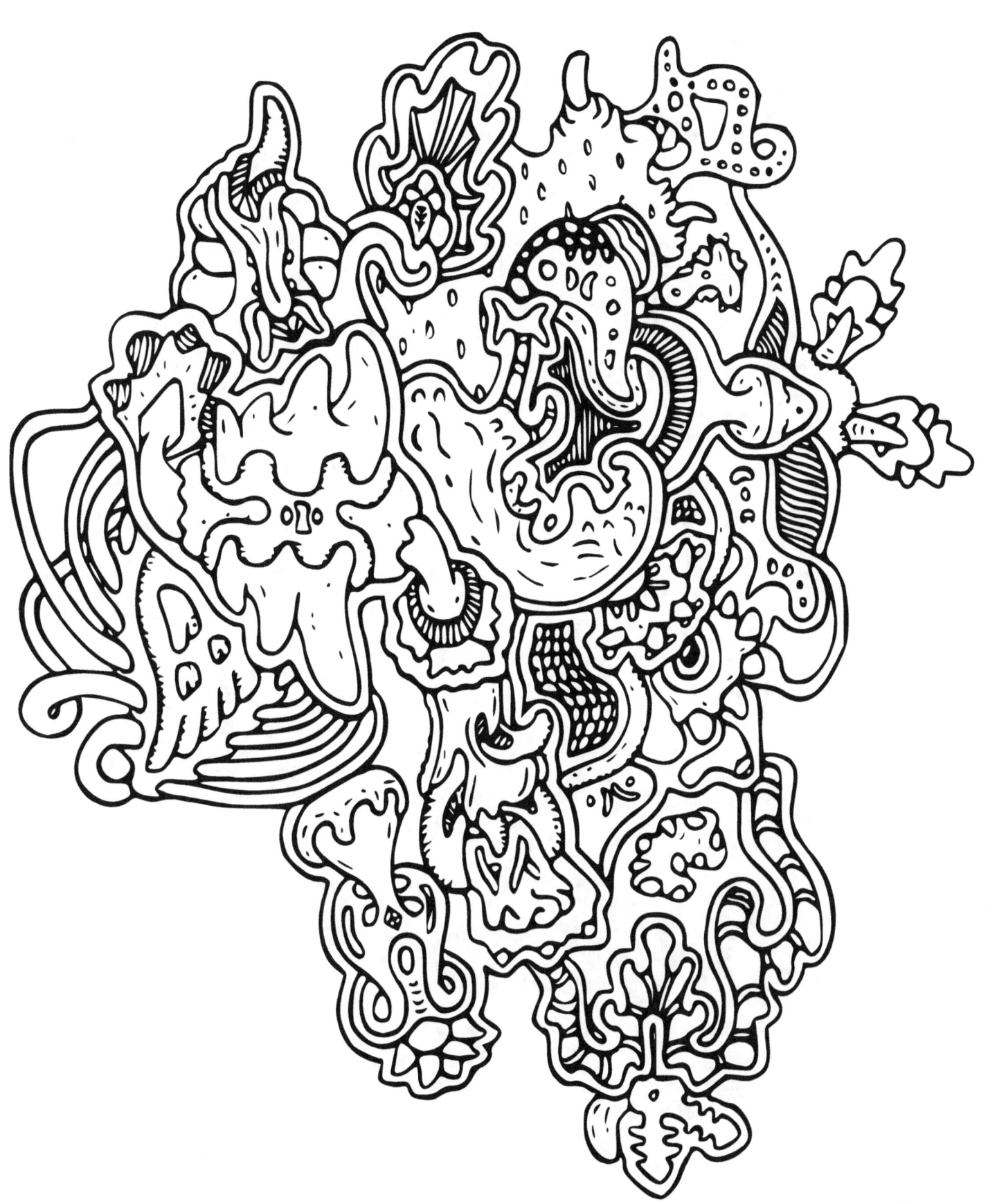

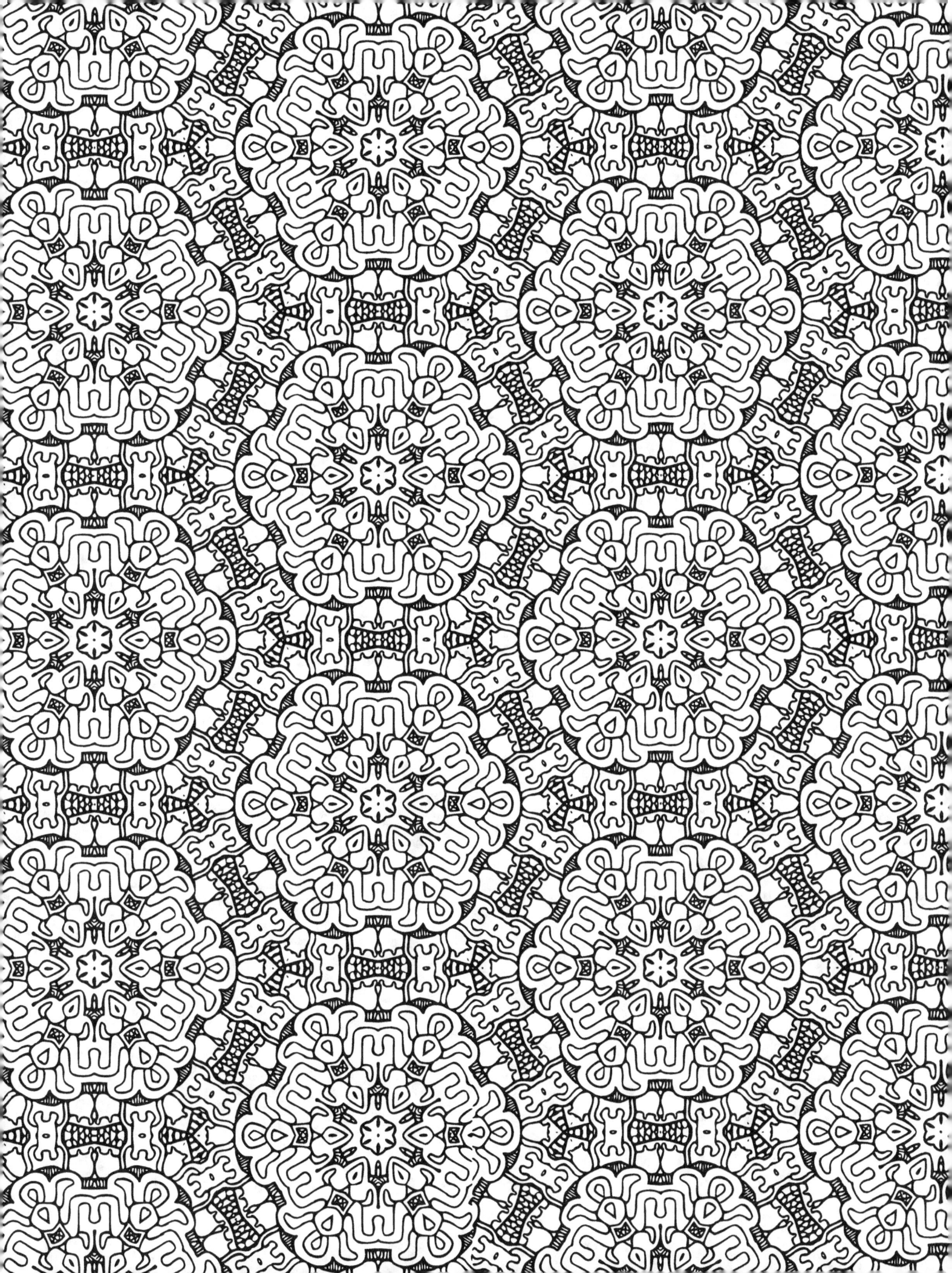

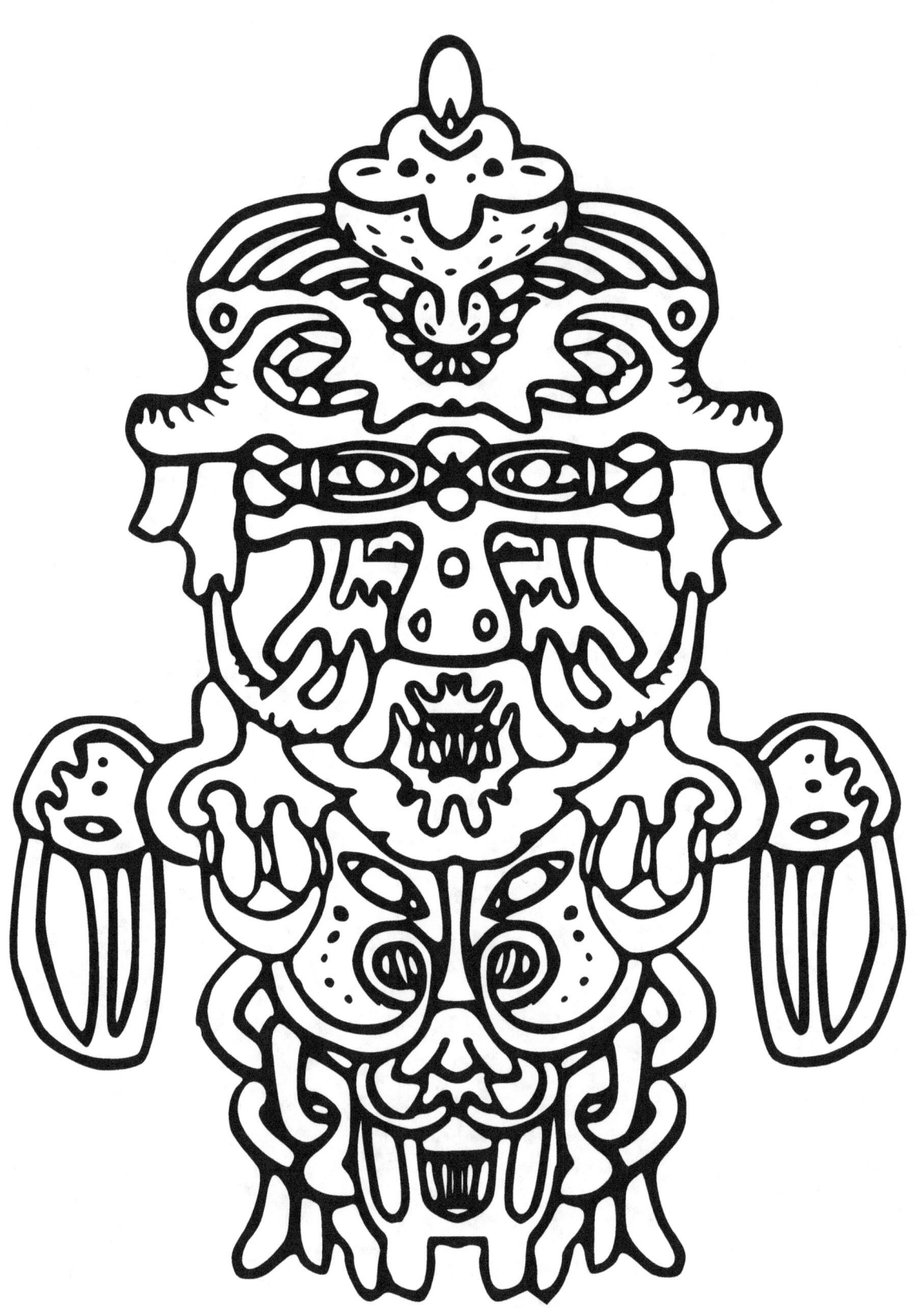

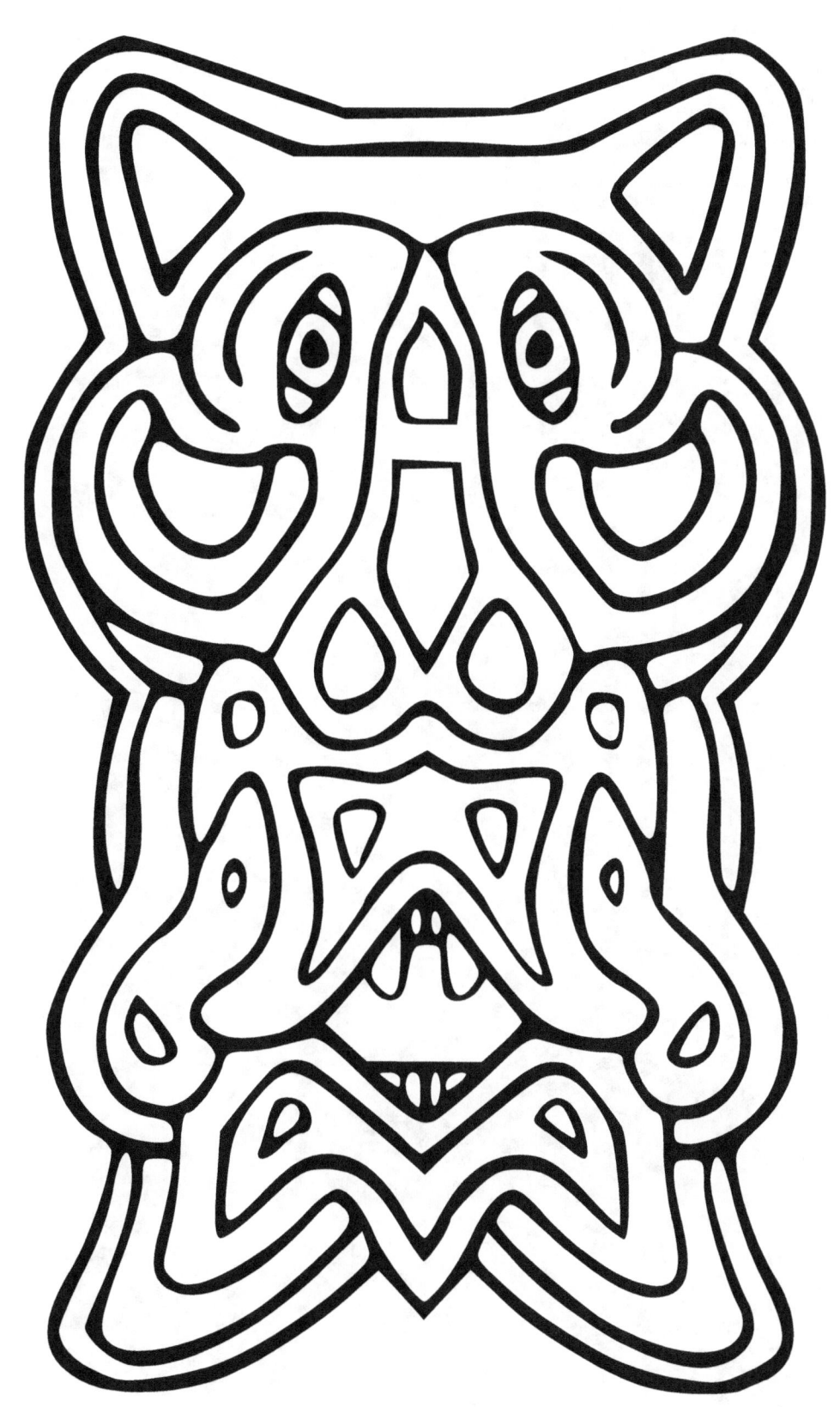

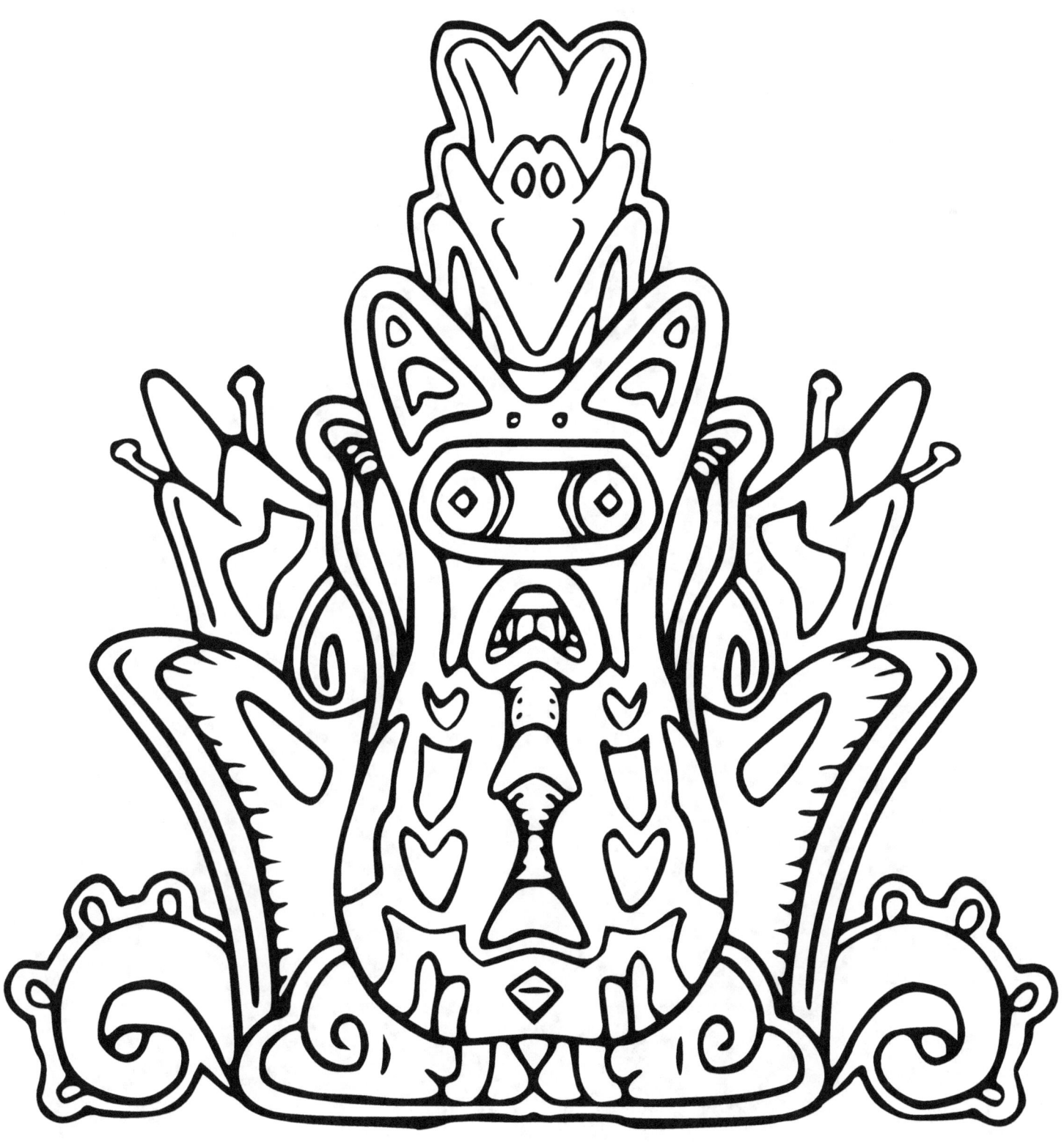

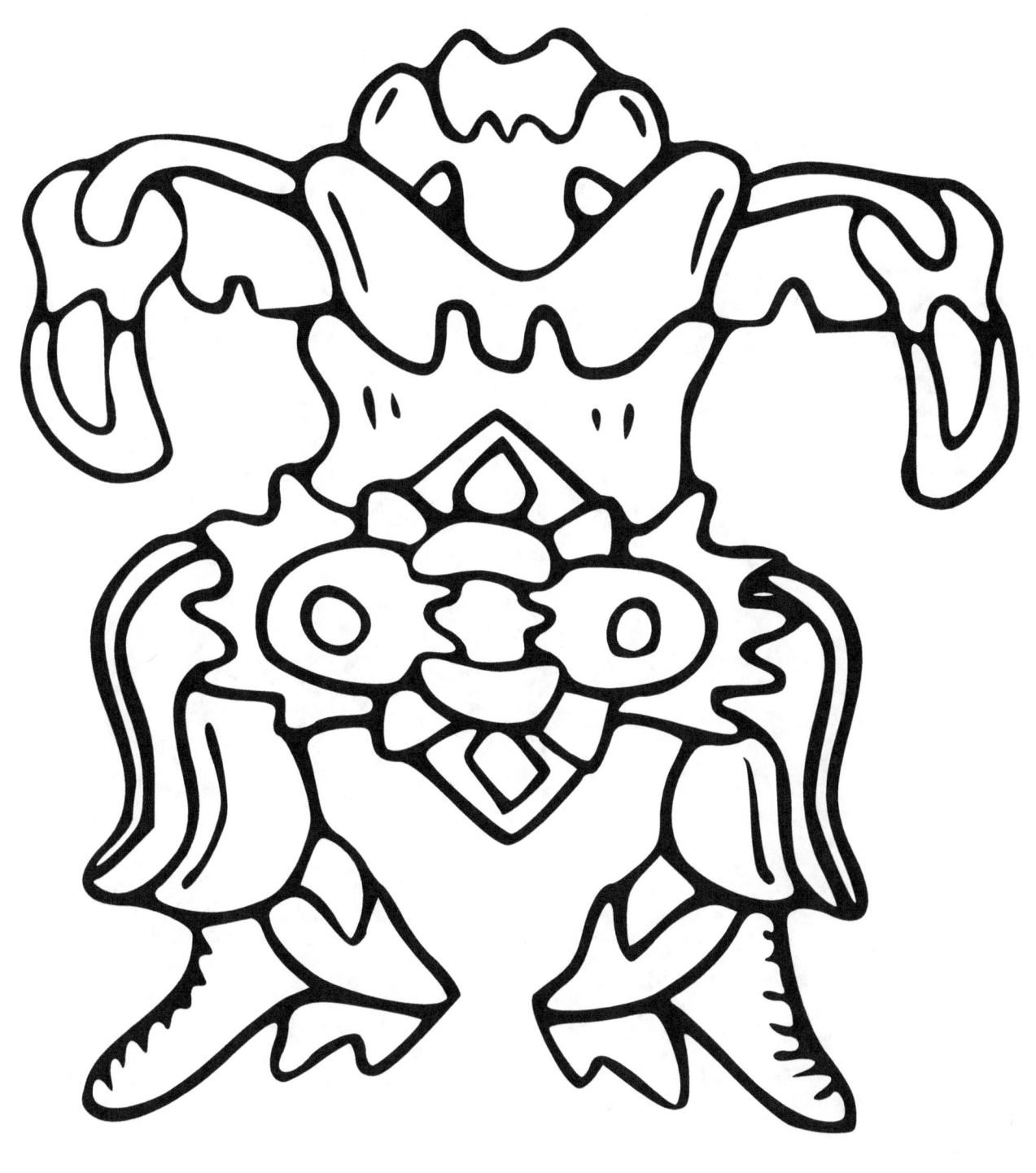

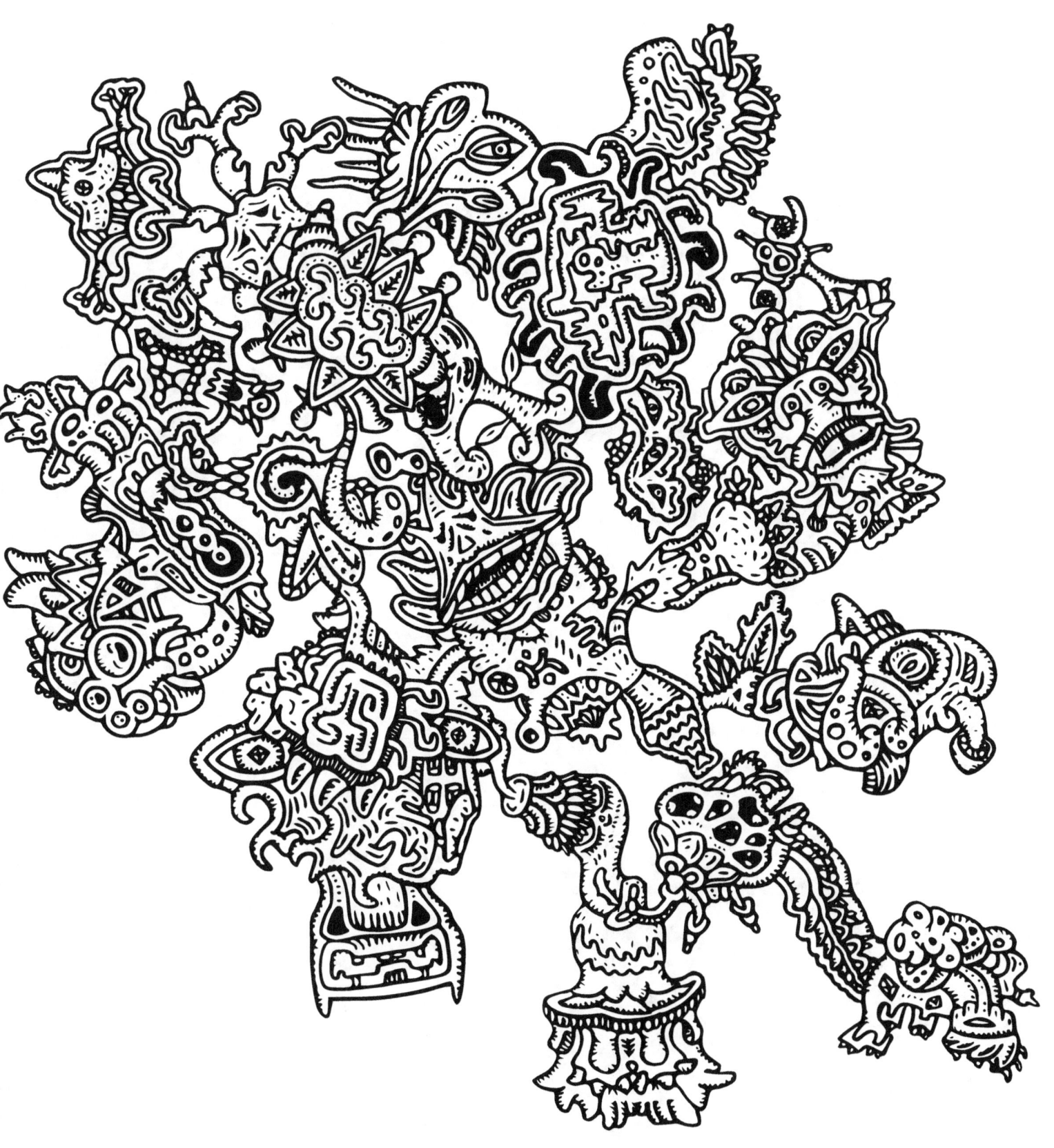

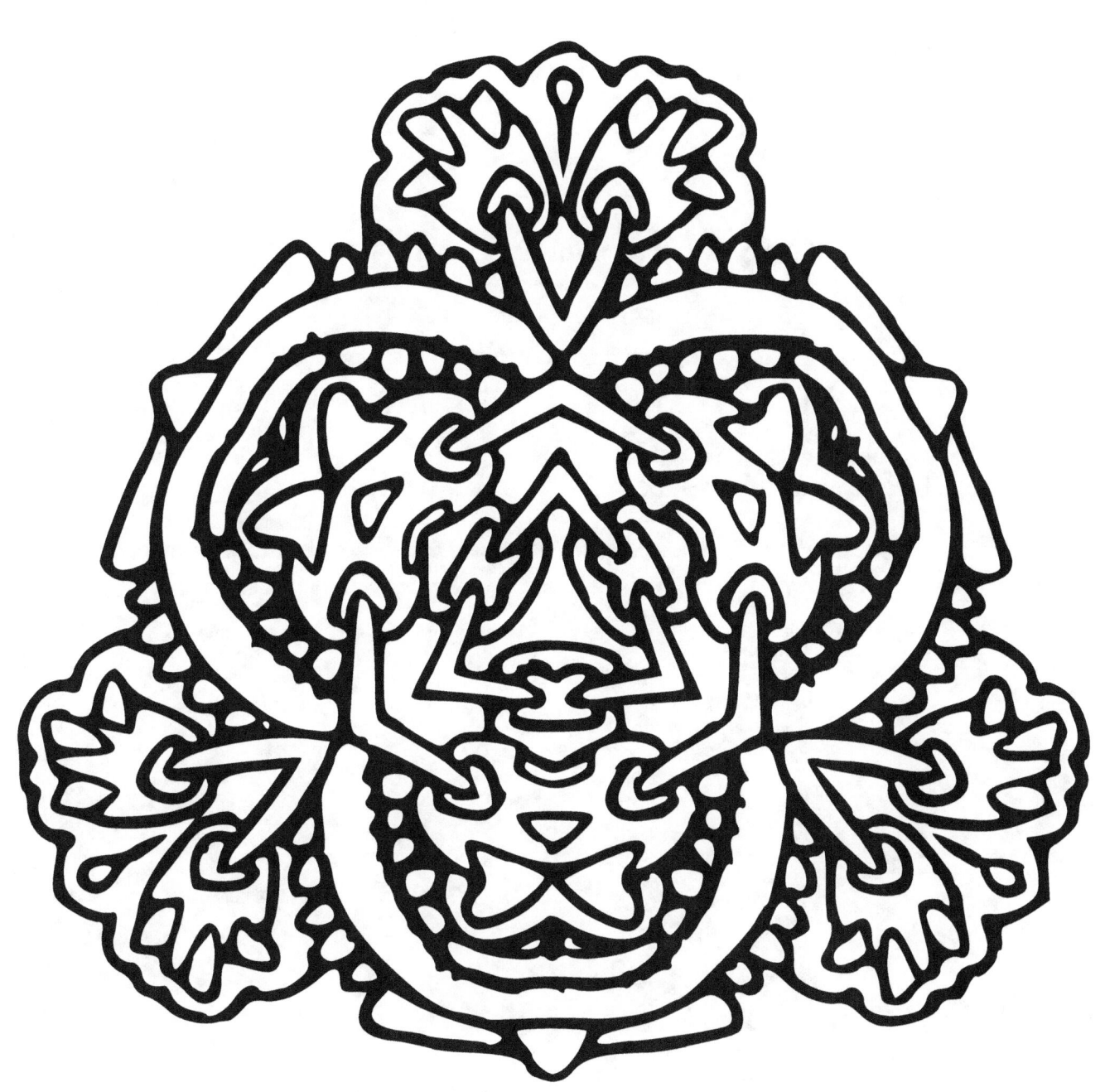

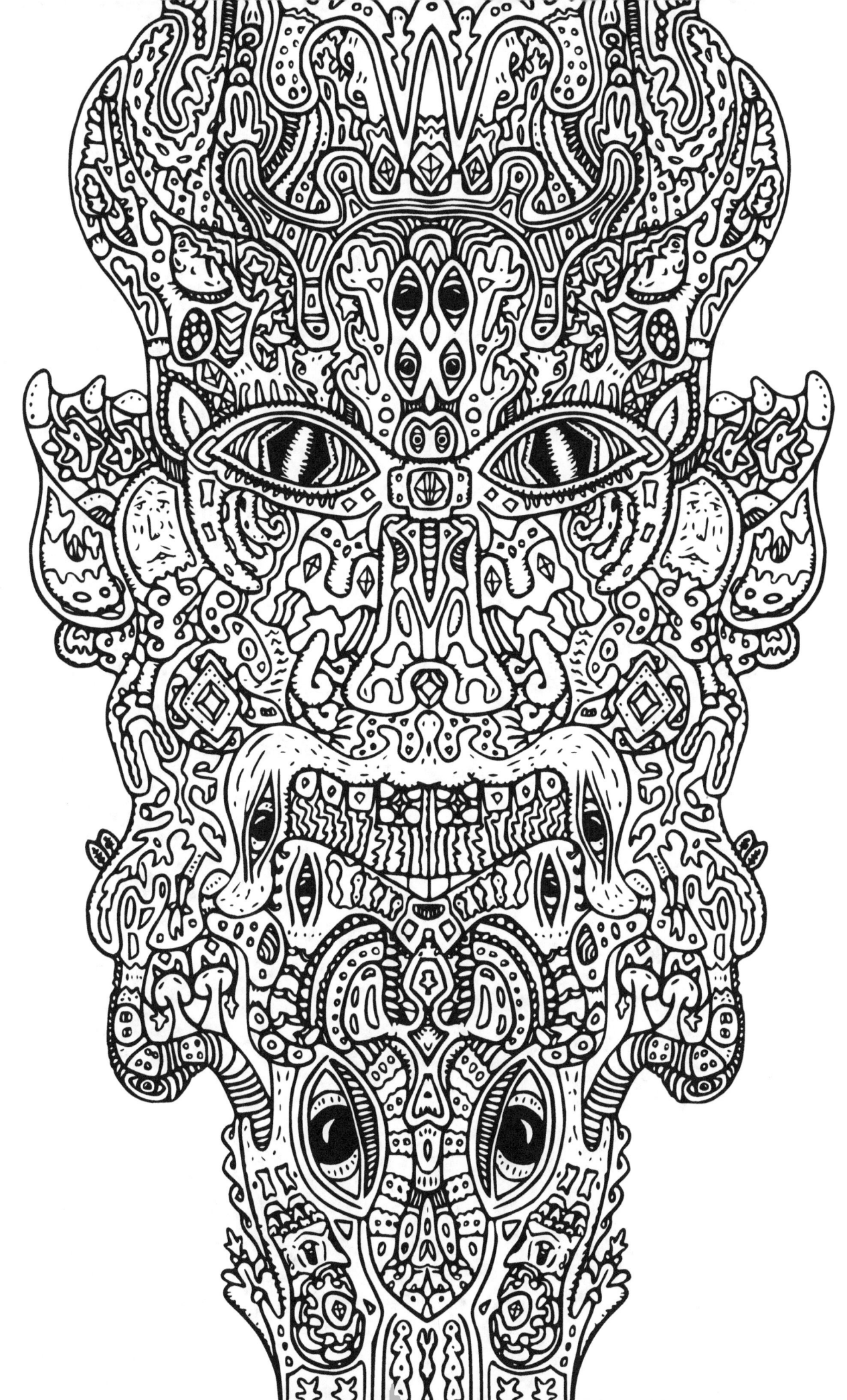

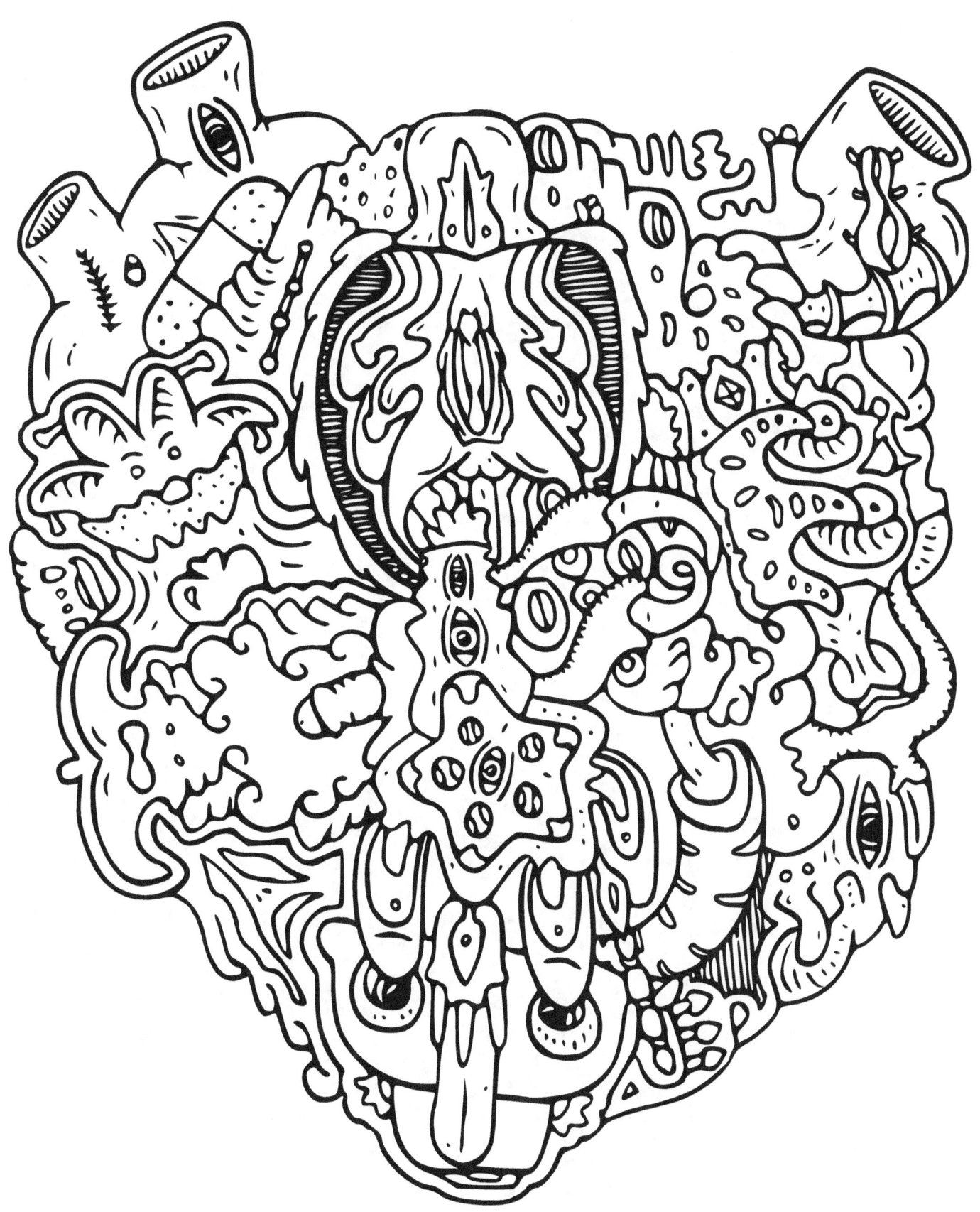

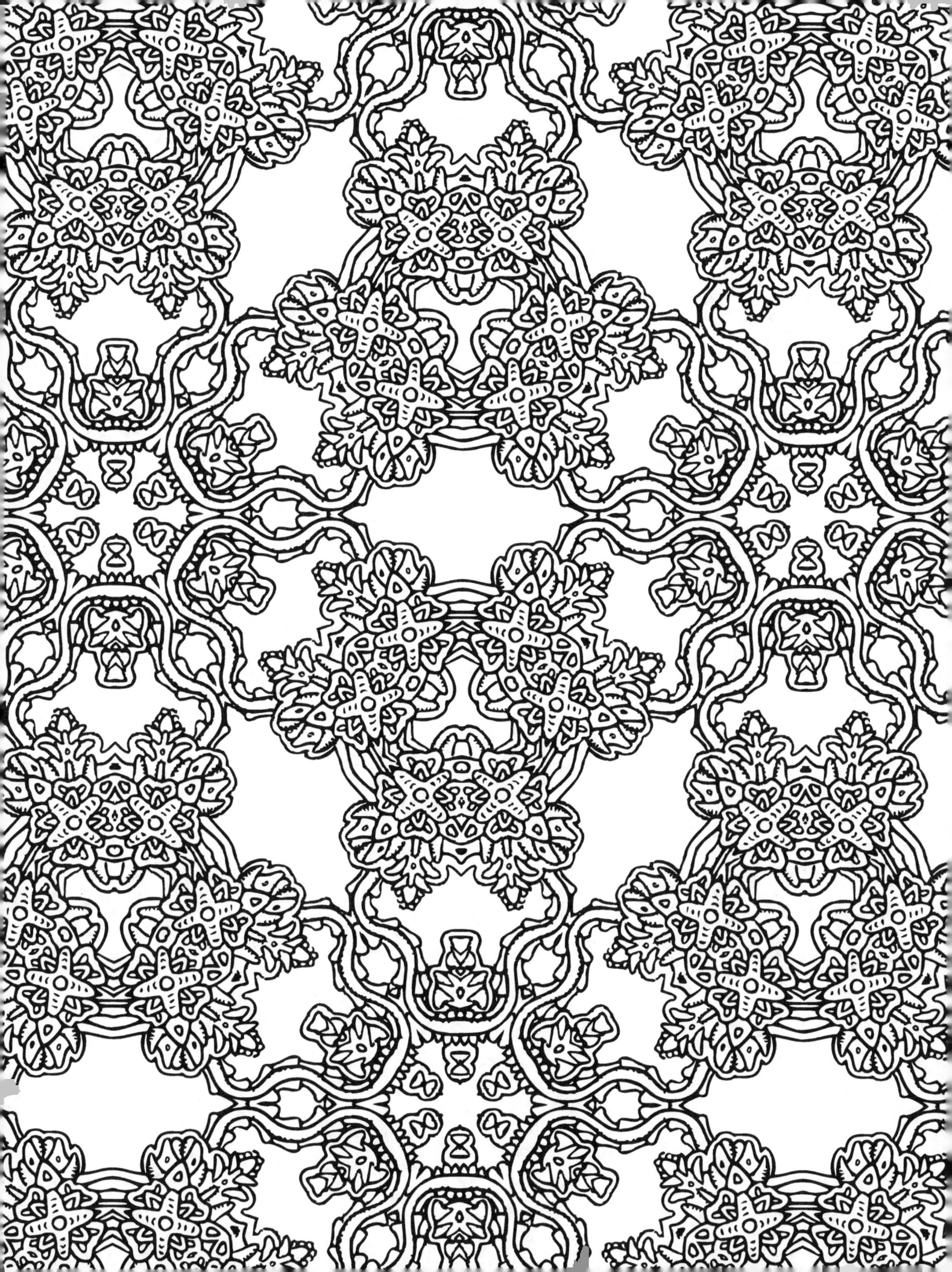

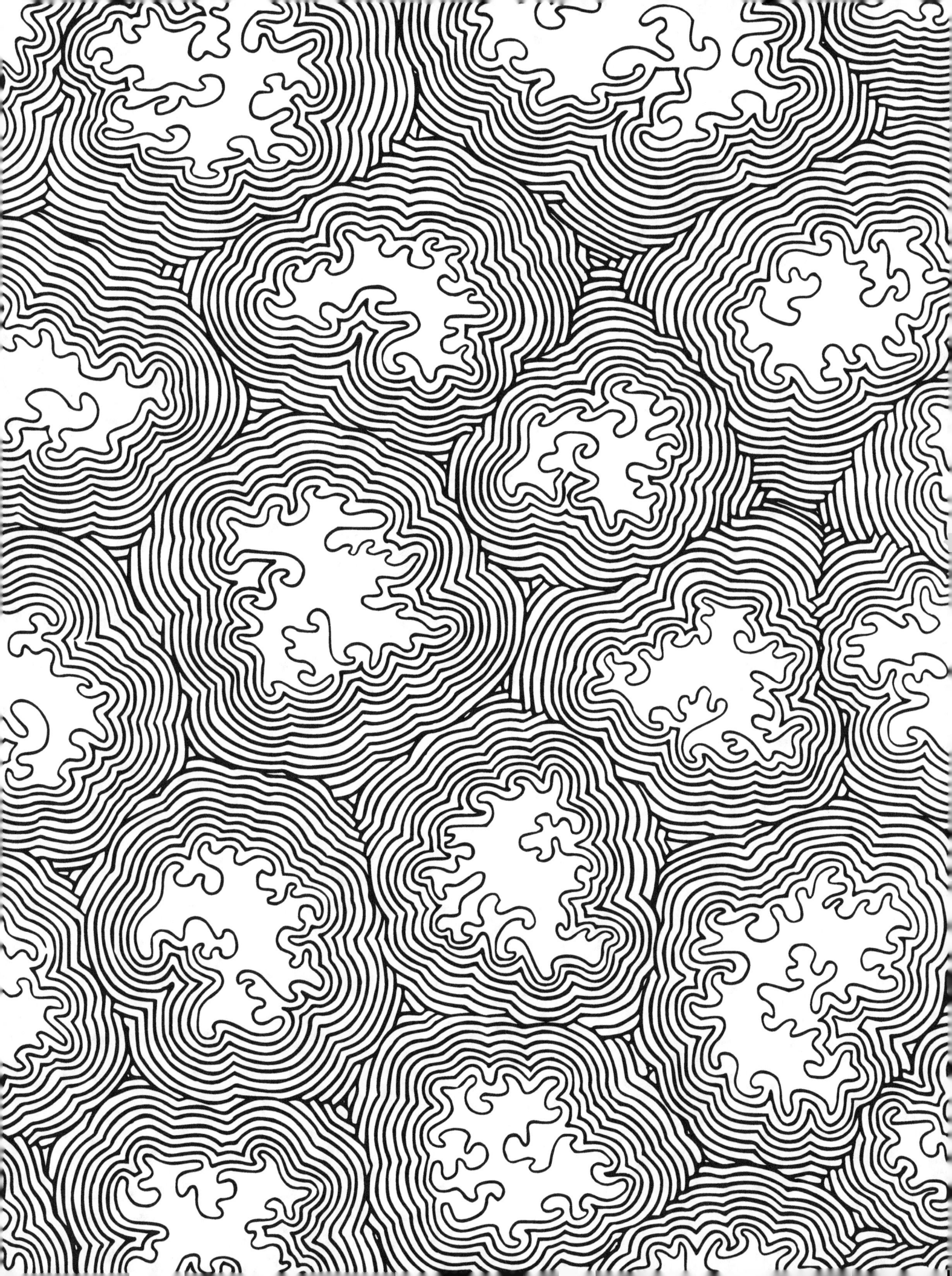

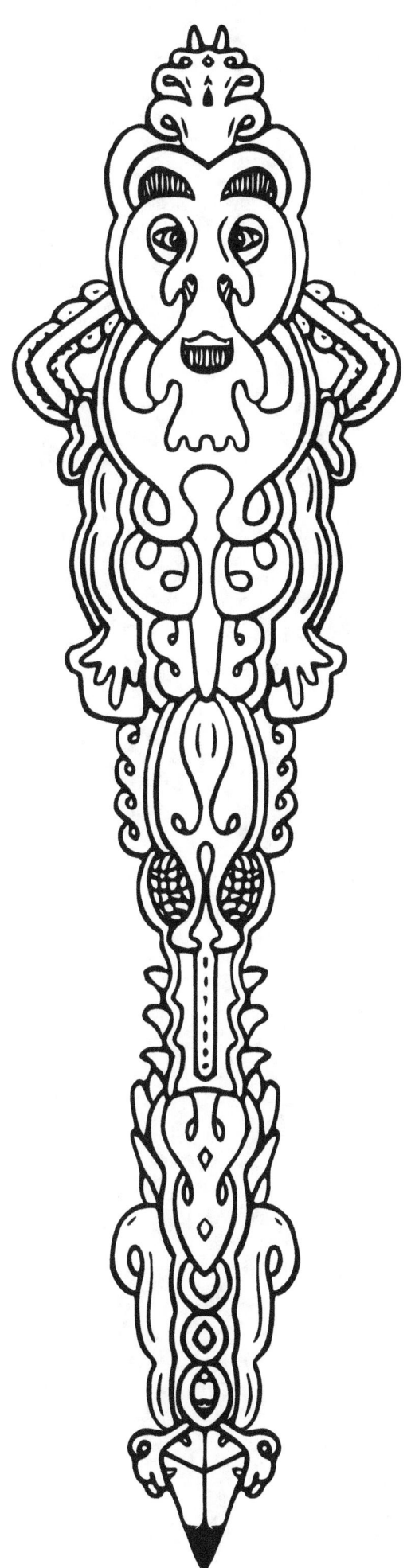

පිටුවේ...